U0531571

投资人眼中的好项目

孙郡 著

中华工商联合出版社

图书在版编目（CIP）数据

投资人眼中的好项目 / 孙郡著. -- 北京：中华工商联合出版社, 2024.12. -- ISBN 978-7-5158-4152-6

Ⅰ.F830.593

中国国家版本馆 CIP 数据核字第 2024A6P626 号

投资人眼中的好项目

作　　者：	孙　郡
出 品 人：	刘　刚
责任编辑：	胡小英
装帧设计：	金　刚
排版设计：	汇众创意设计
责任审读：	付德华
责任印制：	陈德松
出版发行：	中华工商联合出版社有限责任公司
印　　刷：	文畅阁印刷有限公司
版　　次：	2025 年 1 月第 1 版
印　　次：	2025 年 1 月第 1 次印刷
开　　本：	710mm×1020mm　1/16
字　　数：	244 千字
印　　张：	15.25
书　　号：	ISBN 978-7-5158-4152-6
定　　价：	69.00 元

服务热线：010－58301130－0（前台）
销售热线：010－58302977（网店部）
　　　　　010－58302166（门店部）
　　　　　010－58302837（馆配部、新媒体部）
　　　　　010－58302813（团购部）
地址邮编：北京市西城区西环广场 A 座
　　　　　19－20 层，100044
http://www.chgslcbs.cn
投稿热线：010－58302907（总编室）
投稿邮箱：1621239583@qq.com

工商联版图书
版权所有　侵权必究

凡本社图书出现印装质量问题，请与印务部联系。
联系电话：010－58302915

推荐序 1

在创业的浩瀚星空中，创业者们犹如勇敢的航海者，驾驶梦想之舟破浪前行。然而，仅有勇气尚不足够，还需精准的指引与有力的支持，我提出一个创业者要有四品：强大的心力、深刻的认知、宽广的格局、平和的心态。我 2014 年创立梅花创投，关注于早期投资领域十余年，见证无数项目的兴衰起落。深知一个好的项目不仅要有创新的理念，更需具备坚实的基础、广阔的市场潜力，以及靠谱的团队。本书作者凭借多年投资经验，深入剖析投资人的考量因素，为创业者们答疑解惑。从项目的筛选评估，到盈利模式的构建，再到团队的组建管理，都给予了详尽且实用的指导。相信每一位怀揣梦想的创业者，要成为一个理想主义和现实主义结合的创业者，在阅读本书后，都能更好地理解投资人的视角，优化自身项目，提升成功概率。让我们携手共进，在创业的征途上，以智慧和勇气点亮星辰大海，共同探索无限可能。

梅花创投创始合伙人
《心力》《自适力》作者
吴世春

推荐序 2

对企业而言，方向永远是最重要的；对创业者而言，选择正确的方向如同掌控航船的舵柄；对投资人而言，发掘那些航向明确、潜力非凡的项目，是一场洞察力与远见的较量。

在当今这个充满不确定性的时代，创业与投资的交汇早已超越了商业模式的创新，更关乎对历史规律的深刻认知。从历史的长河中回望，我们得以捕捉那些影响发展的关键变量；站在时代的潮头，映射现实，才能看清未来的趋势走向。那些卓越的企业家和投资人，无不具备从过往经验中汲取智慧的能力，将其转化为指导行动的思维框架——这是解析问题、识别机会、规避风险的核心工具，也是决策的基石。

本书正是这样一本浸润投资智慧的作品。作者以其资深投资人的视角，解构了创业与资本市场的核心逻辑，深入探讨了从行业风口到商业模式，从团队能力到市场潜力的多个关键维度。在书中，你既能读到对历史经验的深刻回顾，也能感受到对未来趋势的前瞻探索。这些洞见不仅为创业者提供了明确的指引，也为投资人带来了全新的思考维度。

在阅读的过程中，你会逐渐明白，投资不仅仅是一种专业技能，更是一种穿越时间的艺术。投资人不仅要看清当下的风口，还需洞悉趋势的演变；不仅要评估项目的潜力，还需透视其长远的价值。正如本书所揭示的，真正的好项目，总能穿越市场的波动，在历史的长河中镌刻下价值的印记。

作为一名长期深耕资本市场的投资人，我深刻体会到选择的重量和好项目的意义。愿这本书成为我们投融资旅途中的灯塔，点亮迷雾重重的道路，与光同尘，向光而行。

软银中国执行董事
潘政荣

自 序

点亮投资人的心灯，驶向创业征途的星辰大海

多年的创业与投资实战经历告诉我，创业，实则是"九死一生"；选择创业之路，就意味着选择了一条少有人走的路，但这条路上创业者并不孤独。在创业的星辰大海中，每一个创业者都是一位勇敢的船长，驾驶着自己的梦想之船，扬帆远航。当然，这片星海中也充满了未知与挑战，船长们需要的不仅仅是一艘坚固的船，更需要一盏明亮的灯，为他们指明前行的方向。这个相互奔赴的过程其实也是资源整合的过程。对于投资人而言，要整合项目资源，挖掘那些具有高成长性、营利性的好项目。而对于创业者而言，要整合人脉资源，给自己的创业项目找到一位"贵人"。

创业者和投资者都害怕错过彼此。投资者与创业者之间的关系更像是一种交易，双方出发点和利益点虽然不同，但关键在于如何找到平衡点，实现双赢。

在投资的道路上，我曾亲身经历过无数的起起落落，也见证了多位行业大佬的崛起与陨落。然而，有一位投资界的传奇人物，她的每一次出手都似乎能稳稳地捕获市场的脉动，她就是被誉为"资本女王"的徐新。

回想起我第一次听到徐新的名字，是在一次投资论坛上。那时，她刚刚成功投资了一家初创企业，并在短短几年内将其推向了行业的前沿。我对她的眼光和决策力深感佩服，也开始关注起她的投资哲学和方法。她并不像许多投资者那样盲目追逐热点，而是深入研究每一个潜在的投资目标，从行业趋势、市场前景、团队能力等多个维度进行全面分析。她注重的是长期价值而非短期波动，这种稳健的投资策略让我深受触动。正如她自己回忆投资往事时说的那样："当我第一次见到张一鸣的时候，他就要价70亿美金。我一听就吓了一跳，没见过这么贵的。

其实是因为我没有看懂。有句话叫作：你赚不到自己认知以外的钱。我什么时候看懂了？就是我们在研究赢家的时候才看懂了。研究内容跟广告模式的时候。我记得那时候我在读扎克伯格的季度盈利报告，他说以后的内容就不再是搜索，而是以信息流的形式分发给用户。就是说，它即便是个广告，它也要把内容做得好看。因为广告会无缝地衔接在信息流里面。我那时候才明白抖音是怎么回事。但我明白得太晚了，我们就错过这个机会了。"

其实，我们中国的消费市场，是高度细分和分级的市场。后来，我也开始反思自己之前的投资方式，是否过于急躁，是否忽视了长期价值的重要性。在深入研究徐新的投资案例后，我逐渐明白了投资的真谛：它不仅仅是一种赚钱的手段，更是一种对未来趋势的洞察和判断。

回溯1980年至今，这四十多年见证了中国大消费行业的沧桑巨变。它关乎每个人的衣食住行、吃喝玩乐，承载着百姓的冷暖与生活的烟火气，是无数创业者梦想的起点，也是中国最具活力的大市场之一。在多年投资的过程中，我逐渐领悟到徐新所强调的"长期主义"的重要性。只有那些真正具备长期价值的企业，才能在激烈的市场竞争中脱颖而出，为投资者带来持续稳定的回报。

风险投资，本就是一场与风险共舞的旅程，它考验着创业者和投资人的胆识与承受能力。我十分理解，每个创业者都渴望遇到一位慧眼识珠的投资人。同样地，作为投资人，我们也在寻觅那些能够触动心灵的好项目。尽管许多早期创业项目充满不确定性，但我们最担忧的并非短期内无法获得回报，而是从一开始就投错了方向。因为一旦初始投资出现错误，即使后续注入再多资金，也难以支撑项目走向成熟。更为关键的是，初始的错误可能会对未来造成无法预料的连锁反应。这种不确定性，在我看来，比资金匮乏甚至投资亏损更为可怕。在市场繁荣时期，创业者和投资人能够携手共进；然而，当市场出现波动时，双方的矛盾往往会愈发凸显。

那么，如何将创业者眼中的好项目转化为投资者眼中的瑰宝？如何用项目给投资者带来惊喜并推动其落地？如何构建经得起推敲的盈利模式以赢得投资者的信任？如何抓住时代的机遇实现快速增长？如何让投资者看到你的项目不仅具有成长潜力，而且团队也值得信赖？这些问题一直萦绕在我作为投资者的脑海中，也是创业者必须深思熟虑的问题。为了让创业者更好地了解投资者的心理，并学会从投资者的角度审视自己的项目，我决定结合自己多年的投资经验，为年轻一代的创业者撰写这本创业项目落地指南。

从更广阔的视角来看，创业者与投资人之间的关系，实质上是一种深度的合作伙伴关系。在合作的过程中，双方难免会遇到摩擦与博弈。随着市场环境的变化，双方所持有的筹码、利益的分配方式，以及处理分歧的策略都会有所不同。

在商业环境中，当情势变得严峻时，矛盾与冲突往往会增多，这是商业规律和人性的必然体现。冲突，从某种意义上说，是难以避免的。毕竟，即使是商业巨擘如马斯克，也曾两次被投资者解除合作关系。

创业者必须认识到，如今，单纯依赖融资来推动企业的发展面临着前所未有的挑战。无论是项目环境还是资金环境，都已发生了深刻的变化。在这样的背景下，只有不断夯实企业基础，稳健经营，避免陷入陷阱，才能在激烈的市场竞争中立足。当市场的潮水退去时，我们便能清晰地看到哪些企业是在裸泳。

因此，创业者不必急于寻求投资人的支持。在此之前，更重要的是让你的项目更加稳健、可信。我坚信，只要你的项目真正具备潜力与价值，便不必担心错过任何机会。甚至，优秀的项目会自然吸引投资人的目光，让他们主动来"争抢"你。当你点亮了投资人的心灯，也就点亮了创业征途上的星辰大海。这片星海中，有无数的机会与挑战等待着我们去探索与征服。

目 录

01 你已经很优秀了，为什么风投不投你

面对好项目，投资人为何一副冷漠脸　　003
投资人的世界你不懂："不靠谱"项目的真相　　007
重构资本盈利系统，用新思维理解新商业　　010
撬动资本的杠杆：投资人挑项目到底看什么　　016
双向奔赴的互投之旅——知、会、行三个阶段　　022

02 为什么投你：企业家综合实力是征服投资人的"敲门砖"

综合的素养：企业家个人魅力　　031
执着的信仰：坚持自己的路径　　036
变通的思维：灵活处事不刻板　　038
健康的心态：不赌运气不投机　　040
商业的智识：常识、见识、胆识、共识　　043
布局的能力：识局、谋局、布局、造局、破局、控局　　047

03 是否在风口：
顺势而为是打开投资人心门的"兴奋剂"

风口真相：云开雾散见真章	055
真正的飞翔：顺势而为	059
多维度洞察行业，把握风口不蛮干	062
在红海中竞逐，在未来拥抱蓝海	066
打鸡血、忽悠人，好项目也会进死胡同	069

04 拿什么运作：
健康稳定的现金流

现金为王，企业更大不等于更强	075
企业经营的残酷现状	077
影响企业现金流的因素	080
判断现金流真伪：企业财务状况自检	085
利润优先原则：眼不见、心不动	087

05 用什么竞争：
呈现让投资人尖叫的好产品

爆品这么多，为什么就是看不到你的产品	097
投资人眼中的好产品到底长什么样	099
向投资人"秀"出你的产品价值	104
让产品决胜市场的"金三角法则"	107
适度颠覆引尖叫，过度颠覆成惊吓	114

06 靠什么赚钱：
可复制的标准化商业模式

可复制的模式才有更广阔的未来 119
让投资人看到未来百倍回报的可能性 123
讲不清楚靠什么赚钱的模式就是失败 126
市场蛋糕有多甜：推销你的业务模式 128
理解新兴消费主力，赢在新商业模式 131

07 能走出多远：
有指数型成长的潜力和市场空间

画大饼的项目还能走多远 139
判断项目成长价值的四个正确 146
合理估值判断：应对未来不确定性 150
增长力考察：成长空间究竟有多大 153
指数级成长：真正拉开差距的是指数型思维 155

08 有多大实力：
靠谱的团队让投资人定心

投资即投人：投资人喜欢什么样的团队 163
搭建团队：十个好项目，不如一个贴心合伙人 167
快速识人：找到和你一起"滚雪球"的人 172
发现优势：找到"三个梯队"中的"聪明人" 176
适当取舍：必要时将不合格的人"踢出局" 179

09 谁为你买单：
有吸引力的商业计划书让投资人心动

一份高质量的商业计划书是打动投资人的"敲门砖"	185
人靠衣装，商业计划书也要好好包装	190
价值千万的商业计划书长什么样	194
投资人最看重的三要素	197
3 分钟抓牢投资人的眼球	203

10 谁为你续命：
融资路演有共鸣，未来资本无限大

资本时代，无路演难成事	209
用"路演思维"进行预先评估，高效吸引投资	212
说出你的故事，赢得投资人的信赖	214
精炼路演 PPT，5 分钟打动投资人	217
互动不冷场，点燃现场并赢得全场关注	220

后记	223
附录	227

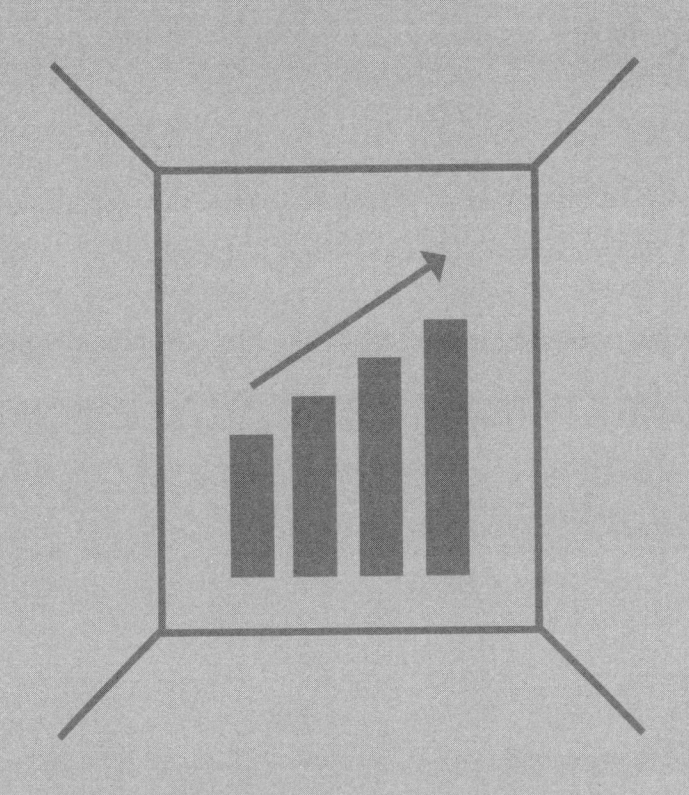

01

你已经很优秀了，
为什么风投不投你

你手握金牌项目，团队勇猛精进，市场潜力无限，可为何风投却对你视而不见，甚至冷眼旁观？是他们太挑剔，还是你的项目真有问题？难道真的是"千里马常有，而伯乐不常有"吗？

面对自己精心打造、自我感觉良好的好项目，投资人为何总摆出一副冷漠脸，仿佛你的热情与努力都跟他们无关？是他们真的不懂欣赏，还是你的展示方式出了问题？

你说投资人的世界你不懂，那"不靠谱"项目的真相究竟是什么？是他们故意设下的迷局，还是你未曾揭开的秘密？人人都想撬动资本的杠杆，但你知道投资人挑项目到底在看什么吗？

或许，你也曾绝望地站在原点，重新审视项目，甚至想要重构一个资本盈利系统，但你真的读懂那些隐藏在市场背后的规律与趋势了吗？你是否已经掌握？

别急着抱怨，也别轻易放弃。你需要经历认知破局、逻辑重构等重重挑战，才能真正走进投资人的世界，让他们看到你的价值。

所以，准备好接受挑战了吗？让我们一起揭开风投的神秘面纱，让你的优秀项目不再被埋没！

面对好项目，投资人为何一副冷漠脸

近年来，在深入企业、担任咨询顾问及传授商业智慧的过程中，我被问及最多的一个问题是："明明项目很好，为什么投资人就是不投给我呢？"

的确，成功的投资人往往展现出一种超然的冷静，有时甚至显得颇为冷漠，对待众多提案，他们似乎能将99%的内容视为无足轻重的废话。然而，这份"冷漠"却恰恰是创业者亟须破解的谜团。

要揭晓答案，我们首先要深入了解风险投资行业的本质和投资人的决策逻辑。

风险投资，作为一个以高回报为终极目标的领域，其本质在于利用有限的资本撬动最大化的收益。

要想契合投资人的这一决策逻辑，我提炼总结了3个关键点，帮助大家理解投资人的决策心理：

1. 进可攻

投资人偏爱那些市场潜力巨大、能迅速崛起并带来丰厚回报的项目。技术卓越虽重要，但若不能在短期内实现市场的显著拓展与盈利激增，项目可能难以触动投资人的心弦。

2. 退可守

投资人对项目的可退出性尤为重视，期望在项目成熟之际，通过上市或被并购等途径顺利抽身，实现资本增值。因此，缺乏明确退出策略的优秀项目，也可能遭遇投资人的冷眼。

3. 正流行

风险投资界紧跟市场热点与趋势，项目若身处非热门领域或商业模式与主流相悖，即便再出色，也可能因不合时宜而难以吸引投资。

这些因素基本解释了为何某些表面"优秀"的项目难以赢得风险投资垂青的原因。这并非项目本身不佳，而是可能未贴合投资人的特定标准与市场偏好。因此，创业者在寻求投资时，除关注项目的技术与市场优势外，更需洞悉投资人的需求与偏好，以精准调整商业策略与融资蓝图。

投资人对"优秀"企业说"不"的理由

进一步剖析，当我们深入创业项目内部，发现有很多创业企业自认为表现"优秀"，却仍可能遭到投资人的拒绝。而当我们逐一审视那些导致投资人拒绝的真正原因时，会发现更多细微而关键的差异，这些差异往往是决定项目能否获得投资的关键所在。

深入探究，我们不难发现，众多自视为"优秀"的创业企业，在寻求风险投资的过程中却频遭拒绝。这背后的原因，往往潜藏于项目细节之中，正是这些微妙而关键的差异，决定了企业能否成功吸引投资。以下是投资人拒绝"优秀"企业的六大核心缘由（详见表1-1）。

表1-1 投资人拒绝"优秀"企业的六大核心缘由

投资人拒绝"优秀"企业的六大核心缘由	
市场准入门槛低	在诸多行业，先驱者常需面对后来者的激烈角逐。若企业无法构筑起如网络效应、品牌知名度、专利保护或规模经济等坚固的竞争壁垒，便可能迅速被后来者超越。投资人对此类易受攻击的市场地位往往持谨慎态度，即便并购能作为快速入市的途径，他们也通常对温和的并购策略不感兴趣

续表

投资人拒绝"优秀"企业的六大核心缘由	
核心竞争力缺失	在竞争激烈且利润微薄的市场环境中,缺乏显著差异化优势的企业难以崭露头角。投资人所追寻的,是那些拥有独特业务模式,且该模式难以被竞争对手复制的创新型企业
不可持续的单位经济效益	初创企业早期面临的主要挑战在于找到正确的市场定位和产品策略。错误的价格策略或产品定位,在规模化生产过程中可能导致企业陷入困境。因此,早期便需明确并优化 CAC/LTV 比率(客户获取成本与客户终身价值之比),以确保经济效益的可持续性
细分市场增长潜力受限	虽然初创期聚焦细分市场是明智之举,但若想吸引投资人,企业还需展示如何依托核心竞争力,进一步拓展产品线和市场规模
股权结构不合理	投资人在考虑投资时,会审慎评估其退出时的公司估值和所持股份。股权过度稀释或分配不均,都可能对后续融资机会造成不利影响
创始人精力分散或缺乏专注	投资人偏爱全身心投入的创始人。若创始人同时涉足多个项目或未亲自担任公司 CEO,这可能被视为不良信号,从而影响投资人的决策

审视你的企业,它是否符合风险投资的标准?在风险投资的世界里,成功与失败的风险并存。大家在寻求融资时,务必仔细考量上述因素,避免它们成为你融资路上的绊脚石。任何细节的疏忽,都可能让你错失宝贵的融资机遇。

特别是以下这些"雷区",创始人在寻求投资时应格外警惕,以免触发投资人的疑虑,进而影响其投资决策:

1. 过度夸大

示例:"我们旨在在这个万亿级市场中占据一席之地,成为下一个 Uber。"

投资人更倾向于听到实际、可行的市场价值主张,而非空洞的夸大之词。因此,创始人应着重阐述产品如何为市场带来切实价值,而非仅仅强调市场规模的庞大。

2. 缺乏合作经验

示例:"我们团队虽未曾共事,但彼此间已是好友。"

投资人更偏爱那些有过成功合作经验的团队,因为这样的团队更可靠,成功率也更高。因此，展示团队过去的合作成果或成员间的互补性至关重要。

3. 忽视投资人态度

示例："尽管我们目前尚未盈利，但这正是您投资的最佳时机，以便未来获取最大利润。"

投资人通常更倾向于投资已有盈利纪录的项目。因此，在寻求投资前，深入了解潜在投资人的投资偏好、风险承受能力和投资历史，对于调整融资策略至关重要。

4. 数据支持不足

示例："这是我们十年来的纪录，我们有盈利。"

若盈利纪录或市场数据不佳，投资人可能会对项目的市场牵引力和增长潜力产生疑虑。因此，提供有力的市场数据和用户反馈，并谨慎解释不佳的数据，是赢得投资人信任的关键。

5. 弄虚作假

示例："这是我们的知名客户和支持者名单……"

诚实和透明是建立长期信任关系的基础。弄虚作假可能会暂时吸引投资人，但长远来看，这种行为会严重损害项目的可信度和创始人的声誉。

投资之旅，恰似一场需精心培育的恋情，情感的深厚源于不懈地经营与呵护。在与投资人的这场特殊"恋情"中，同样需细腻呵护，但尤为关键的是，投资决策根植于理性分析，切莫期望对方因"恋爱脑"而忽视你踏入的"雷区"。规避上述提及的风险点，以稳健的步伐前行，方能在投资的道路上赢得青睐，收获成功的果实。

投资人的世界你不懂："不靠谱"项目的真相

在投资人的视角里，某些看似"不靠谱"的项目却常常成为他们的偏爱之选。面对这一现象，不少创业者或许会感到困惑与不解：为何自己眼中优质的项目，在投资人那里却显得"不靠谱"？而那些究竟是何方神圣，能让投资人对"不靠谱"的项目情有独钟？

基于我们的深入研究，以下因素或许能揭示其背后的原因。

"看上去不靠谱"不等于"真的不靠谱"

从根本上来说，"看上去不靠谱"并不等同于"真的不靠谱"。很多时候，一个项目的潜在价值并不是显而易见的，需要深入研究和洞察才能发现。投资人的工作就是要在这些看似不靠谱的项目中，挖掘出那些具有巨大潜力的"黑马"。

不可否认的是，普通人的判断力并不一定准确。虽然投资人的判断也并非百分之百可靠，但他们至少具备一种能力——不轻易相信"理所当然"的逻辑。这种能力使得他们能够在众多项目中，识别出那些被忽视或被误解的"宝藏"。

想象一下这样一位创业者：他曾经营一家公司，却遭遇合伙人携团队投奔大企业，大股东紧随其后要求撤资，致使他四年间颗粒无收，只能依靠母亲的接济度日。在此期间，他居住在租来的汽车里，依靠公共浴室维持日常。好不容易将公司出售，他却陷入消沉，游历全球，放纵自我，一度失去了奋斗的动力。幸运的是，在好友的劝说下，他决定选择一个全新的领域重新出发。初尝胜果之际，却遭遇政府禁令，不得不更名再战。更甚者，为了获取公司域名，他不惜以2%的股份作为交换。

面对这样的创业者，你是否愿意投资？

这家公司，正是Uber。

看似充满不确定性的故事，其最终失败的概率或许高达九成。有时，勇于做出判断，尤其是那些与大多数人相悖的判断，显得尤为重要。从另一个维度来看，那些最终取得巨大成功的项目，起初往往并不被看好。这恰恰说明了，在投资者的世界里，有时候，正是那些看似"不靠谱"的选择，蕴藏着无限的可能。

再如瑞幸咖啡，它在中国咖啡连锁市场上占据着一席之地，其发展历程可谓波澜壮阔。从迅速扩张到遭遇财务造假风波，再到经历重组与调整，瑞幸咖啡走过了一段充满挑战的道路。然而，正是这些经历，铸就了它坚韧不拔的品格。最终，瑞幸不仅成功实现了扭亏为盈的业绩反转，更在近年来通过与各大品牌的联名合作，达到了双赢的局面，展现了其强大的市场适应能力和创新活力。

2024 年 8 月 20 日，游戏科学公司倾力打造的动作角色扮演巨作《黑神话：悟空》震撼上市。游戏一经发布，便在 Steam 平台上掀起狂潮，短短一小时内便吸引了超百万玩家涌入，迅速登顶 Steam 热门游戏榜首。据新浪数据统计，该游戏连续占据榜首长达 153 小时，直播热度更是空前高涨，累计播放量突破 4224 万次。首日销量便突破 450 万份，总销售额更是达到了惊人的 15 亿元。

在这场游戏盛宴之外，商业世界也迎来了一场狂欢。就在《黑神话：悟空》正式发售前夕，瑞幸咖啡巧妙借势，推出了与游戏的联名产品"黑神话腾云美式咖啡"，并限量赠送联名杯套等精美周边。这一举动瞬间引爆了市场，全国范围内的周边产品迅速售罄，甚至一度导致系统濒临崩溃，相关话题也迅速登上热搜榜。瑞幸咖啡首席增长官杨飞在朋友圈中感慨万分，表示男性消费者的购买力远超团队预期。

回顾《黑神话：悟空》的诞生历程，初创团队仅由 7 人组成。团队创始人和负责人冯骥在社交平台上分享了自己的心路历程，他坦言，在游戏的开发过程中，自己经常采用的决策方式就是"试试吧"。简单的 3 个字背后，有种勇于尝试的精神，更多的可能是自己都觉得不是十分靠谱的忐忑。

《黑神话：悟空》之所以能够火爆全球，从玩家的角度来看，关键在于它完全植根于中国传统文化，为玩家们带来了前所未有的文化体验。许多玩家表示，虽然玩过众多国外大作，但总有一种无根漂泊的感觉，而《黑神话：悟空》则让他们找到了文化的归属感。

从投资人的视角来看，中国传统文化源远流长，蕴含着无数极具特色和风格的 IP。随着国潮的崛起，这些传统文化元素逐渐成为现代商业的新宠。在新茶饮赛道上，茶颜悦色、霸王茶姬、茶话弄等品牌纷纷崭露头角，它们都以鲜明的中国传统文化标签赢得了消费者的喜爱。其中，霸王茶姬更是在上海设立了总部，并以此为基地加速拓展海外市场。

近年来，商业世界中越来越多地涌现出中国面孔，这其实是我们投资人期待已久的景象。正如一位游戏玩家所言："我曾在埃及扮演刺客，在异世界猎杀魔物、征服巨龙、成为骑士……而现在，我终于看到了一丝希望，能够回到自己国家的异世界，成为那个传说中的猴哥。"

一个成熟的投资人在评估投资项目时，不会仅凭其表面的"靠谱"程度就妄下结论。实际上，一些看似"不靠谱"的项目往往蕴含着巨大的投资价值。以下几个关键因素，它们或许能解释为何某些非传统项目值得投资。

1. 投资中的失败是常态，而成功案例总能激励人心

风险投资讲究的是投资组合，而非单次交易的成败。风险与回报的比率是衡量投资成功的关键。尽管保持高比率如 10:1 相当困难，但风险投资因其高风险高回报的特性，通常能承担更大的失败风险。天使投资作为风险投资的早期阶段，其失败率极高，但成功案例的回报往往能覆盖多个失败项目。例如，某个天使投资人投资了一个初创游戏公司，尽管前五个项目均告失败，但最终一款手游的成功让他获得了 1000 多倍的回报。这种潜在的高回报正是投资人愿意冒险的原因。

2. 投资有争议性、话题性的项目能吸引更多优秀创业者

为了接触到更多优秀的创业者，投资人需要不断向外界展示自己支持创业、愿意投资的形象。通过投资有争议性、话题性的项目，投资人不仅能吸引媒体关注，还能让更多创业者主动联系。

3. 创新需要文化容忍和社会支持

与一些发达国家相比，我们对创新的容忍度相对较低。成熟的创业者往往不

愿冒险创新，而提出创新想法的往往是缺乏经验的年轻人。这种错位导致了许多创新想法无法得到实现。然而，随着文化的逐渐改变和年轻一代对信息交换的接受度提高，创新正在逐渐成为可能。投资人需要理解并支持这种创新文化，才能发掘出真正有潜力的项目。

4. 风投的价值判断基于公司的指数性成长潜力

风险资本追求高预期回报率，因此所投资的公司必须具备实现指数性成长的潜力。这要求公司的产品或服务具备规模化的可能性和防御力。虽然 B2B 公司在防御力上可能更胜一筹，但 B2C 公司在规模化、速度上往往更具优势。因此，风投更愿意投资那些能够迅速扩大市场规模的 B2C 项目，即使它们看起来更加"不靠谱"。

深入现实生活，我们都不难发现，那些初看似乎"不靠谱"的事情，确实有时会令人失望；但更多时候，潘多拉魔盒之所以充满诱惑，不仅因为它像神秘的魔法般牵引着我们的心，更因为在打开它的那一刻，我们满怀希望，期待着那或许正是我们梦寐以求的巧克力糖，让生活因此添上一抹意想不到的甜蜜。

重构资本盈利系统，用新思维理解新商业

倘若投资者是项目启航的关键推手，那么，当你依然坚信自己的项目蕴藏无限潜力时，不妨将目光聚焦于项目的内核，审视其是否构筑了一个健全且高效的营利体系。毕竟，无论是创业还是投资，其本质皆是追求利益最大化，企业的存续与发展，离不开营利系统的支撑，而投资者亦非无偿的慈善家。

此外，你的商业体系、模式及营利系统还需与当前瞬息万变的商业生态相契合，深刻理解并把握中国经济步入的新阶段，方能行稳致远。

有人说，中国最赚钱的时刻才刚开始；有人说，时代的风向变了，随着时间的推进，全球经济格局的复杂性日益加剧。在这充满变数的市场洪流中，企业正遭遇前所未有的考验。然而，正如古人云："危中有机"，越是艰难困苦之时，越能彰显企业的坚韧与智谋，促使我们冷静剖析变革背后的深层动因，这是时代赋

予我们的历史使命与责任。

时移世易，大浪奔流。

在不同的历史节点与时代背景下，"天时、地利、人和"三要素不断演变，并在演变中交织出多样化的组合形态。深谙此道者，便能洞察大势运行的根本规律，驾驭时代的浪潮，引领企业稳健迈向成功的彼岸。

洞悉中国新商业——旧玩法被颠覆，新秩序在浮现

要理解中国的新商业，首先要理解中国经济的商业逻辑。

自1978年以来，中国以惊人的速度崛起为科技强国、制造业大国及"世界工厂"，这一壮举仅用了40余年。其背后的推动力，正是天时、地利、人和的完美融合（详见表1-2）。

表1-2 中国商业崛起的三大支点

	中国商业崛起的三大支点
天时	全球化与产业转移的浪潮为中国提供了前所未有的战略机遇。全球产业转移如"雁阵"般推进，从欧美到日本，再到亚洲四小龙，最终惠及中国。中国顺应时势，打开国门，拥抱世界，迎来了改革开放的黄金时期。尽管初期面临诸多质疑与挑战，但港商的勇敢尝试与"三来一补"[①]模式的创新，为珠三角乃至全国的经济崛起奠定了坚实基础
地利	中国拥有庞大的统一市场与广阔的经济腹地，为经济发展提供了无限可能。从农耕文明到工业文明的转型，从封闭到开放的突破，中国的消费市场潜力巨大，为各类产业提供了广阔的发展空间
人和	改革开放激发了人们改变命运的强烈欲望，农民工背井离乡，投身珠三角的打工热潮，用汗水与智慧书写了中国的崛起篇章。市场竞争与效率优先的原则，更是最大限度地调动了人的创造性，每个人在改变自己命运的同时，也共同推动了社会的进步与发展

---

① 所谓"三来一补"，是指来料加工、来样加工、来件装配和补偿贸易。
1978年7月15日，国务院颁布《开展对外加工装配业务试行办法》，允许广东、福建等地试行"三来一补"。广东将东莞确定为五个试行县之一。

基于上述三点，纵观中国的商业史，我们可以简单概括为传统旧商业与新商业。

1. 传统旧商业：成交即终结的粗放时代

这一时期，伴随着经济的高速增长，企业和个人纷纷抓住机遇，通过扩大规模、加速发展来迅速积累财富。市场上的机会似乎触手可及，竞争尚未达到白热化，因此，企业更注重的是如何快速占领市场，而不是如何高效运营或提供高质量产品。

资源和关系成为决定企业成败的两大法宝。谁能获取更多的原材料、拥有更广泛的销售渠道、与政府部门建立更紧密的联系，谁就能在市场中占据一席之地。这种经营方式虽然短期内带来了显著的收益，但长期来看，却可能因效率低下、资源浪费而陷入困境。

在大消费行业，中国商业呈现出明显的"厂商时代"特征，即"货找人"的模式。商品相对稀缺，消费者选择有限，厂商因此占据主导地位。他们通过大规模生产、广告投放和渠道铺设，将产品推向消费者，塑造消费潮流。然而，这种模式下，消费者往往处于被动接受的状态，个性化需求难以得到满足。

2. 新商业：成交为始的精细与专业时代

随着中国经济的深入发展和市场竞争的日益激烈，粗放经营的方式已难以为继。企业和个人需要转变经营策略，注重精细运营和专业能力的提升。

精细运营要求企业从每一个细节入手，提高生产效率、降低成本、优化供应链管理、提升客户体验。这需要企业具备强大的数据分析能力、严谨的管理制度和高效的执行力。只有如此，才能在激烈的市场竞争中保持领先地位。

专业能力则成为决定企业成败的关键。在知识经济时代，掌握核心技术和专业知识是立足市场的根本。因此，企业需要不断加强研发投入、培养专业人才、建立完善的知识产权保护体系，以确保自己在专业领域内的领先地位。

在中国经济的大消费行业，消费模式发生了根本性变化，从"货找人"转变为"人找货"。消费者成为市场的核心，他们的需求、偏好和选择直接影响着市场的走向。互联网技术的普及和发展，使得消费者能够更便捷地获取信息、比较产品和表达意见。他们不再是被动的接受者，而是主动的选择者和决策者。

对于厂商而言，这一变化意味着他们需要更加注重消费者的需求和反馈，及时调整产品策略，以满足市场的多样化需求。同时，利用大数据和人工智能技术来精准洞察消费者行为，也成为厂商提升竞争力的关键。

如今，中国正处于转型的关键阶段，中国经济从粗放经营、资源关系导向，逐渐转变为精细运营、专业能力比拼，同时，从高速增长迈向创新驱动高质量发展。这一转变不仅要求企业和个人具备更高的素质和能力，也为整个社会的经济发展和产业升级带来了新的机遇和挑战。在"人找货"的消费模式下，厂商需要紧跟时代步伐，不断创新和优化产品和服务，以满足日益多样化的消费需求。

用资本思维和新商业模式，所有的行业都值得重做一遍

在当下的中国，我们正站在一个前所未有的历史节点上——中国经济的商业红利已经悄然开启，其波澜壮阔之势，虽尚未让每个人都能直观感受到其带来的益处，但这股力量正蓄势待发，重塑着各行各业的商业版图。正是基于这样的时代背景，我们稻蓝幕僚团坚信并倡导一个核心理念：传统企业遭遇的核心挑战在于，当行业经历根本性变革时，过往的成就无论多么辉煌，都无法确保其在新格局中的立足之地。行业的重塑并非对旧有模式的简单延续，而是标志着从工业文明向信息文明跨越的蜕变与再生。展望未来，每个领域都蕴含着以资本运作视角和创新盈利模式进行彻底革新的巨大潜力。用现在比较流行的话说是，所有行业都值得重新做一遍。

为了实现这一目标，我们提出了"打造盈利蓝海——三个一工程"的战略框架，旨在引领每一位有志于商业创新的朋友，共同探索未知，把握机遇，详见图1-1。

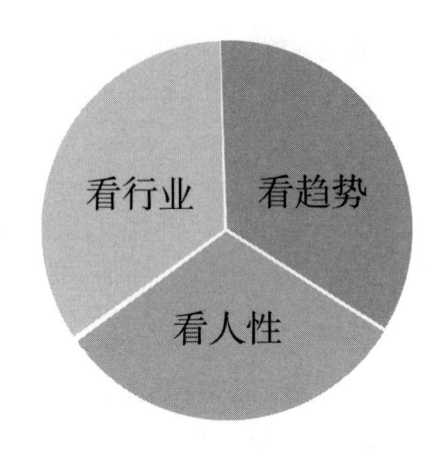

图 1-1　打造盈利蓝海——三个一工程

第一个工程：升高一维，看行业

这意味着我们要跳出传统行业的束缚，以更高维度的视角审视所在领域。不再局限于眼前的竞争格局，而是洞察行业背后的深层逻辑与未来趋势，为重构商业模式奠定坚实的认知基础。

第二个工程：提前一步，看趋势

在这个日新月异的时代，谁能提前捕捉到市场变化的微弱信号，谁就能占据先机。我们鼓励每一位创业者不仅要紧跟潮流，更要勇于预测并引领趋势，通过前瞻性的布局，确保企业在未来的竞争中立于不败之地。

第三个工程：深挖一层，看人性

商业的本质是满足人的需求，深入理解并挖掘人性中的真实渴望，是构建持久盈利模式的关键。我们倡导深入探究消费者的心理与行为模式，以此为基础设计产品和服务，实现价值的最大化传递。

在新经济环境下，赚钱的逻辑已发生根本性变化，不再是简单的产品买卖，而是基于价值共创、资源共享的生态系统构建。通过这三个工程的实施，我们有信心帮助更多人从传统的单点盈利模式中跳脱出来，重构为具有强大裂变能力的盈利模式。

在中国商业的广阔舞台上，无数企业家以他们的智慧和勇气，书写了一个又一个令人瞩目的传奇。他们从零开始，逐步壮大，将梦想变为现实，不仅改变了个人命运，也深刻影响了社会和商业生态。

然而，传奇背后是无数创业者的艰辛与挑战。中国商业环境虽充满机遇，但也伴随着巨大风险。创业需要勇气、决心，更需智慧、耐心和实力。成功并非一蹴而就，而是需要深刻理解商业本质，并付出不懈努力。每位企业家的成功背后，都隐藏着无数次的失败与挫折，正是这些经历，铸就了他们坚韧不拔的精神。

投资者则在这片商业海洋中寻找着下一个潜力股，希望投资到具有巨大前景的创业项目。但投资同样充满风险，不是每个项目都能成为行业巨头。投资人深知，商业传奇不可轻易复制，每个成功项目背后都有其独特的商业模式和市场机遇。

对于创业者而言，寻找伯乐同样重要。伯乐不仅提供资金支持，更是事业上的引路人和支持者。他们拥有丰富的经验和资源，能够为创业者提供宝贵的指导和帮助，使创业之路更加顺畅。与伯乐合作，创业者能够接触到更广阔的市场和更多商业机会，从而加速发展。

然而，寻找伯乐并非易事。投资者在评估项目时，会综合考虑创意、市场前景、团队实力、商业计划和盈利模式等多方面因素。创业者需要通过各种渠道展示自己的项目和创新点，以吸引潜在投资者的注意。同时，创业者也需具备鉴别投资者的能力，选择真正能够为自己带来帮助的伯乐。

在复杂多变、竞争激烈的商业环境中，创业者应脚踏实地、稳步推进项目，而非盲目追求"一夜暴富"。投机取巧无法迷惑投资者，因为他们的决策基于专业分析和判断。

创业之路，非一日之功，亦非一蹴而就的传奇。在漫长的创业之路上，每一位创业者都如同在迷雾中航行，每一步都需要小心翼翼，每一次选择都关乎生死存亡。

曾经网上流行的那句"今天你对我爱答不理，明天我让你高攀不起"的豪言壮语，虽然听起来振奋人心，但现实的商业世界更需要冷静的判断和持续的努力，在遇见真正的伯乐以前，我们要先遇见更好的自己——尽可能地了解投资人眼中的好项目到底长什么样。

毕竟，在这条路上，没有永恒的传奇，只有不断前行的脚步和不断探索的精神。

撬动资本的杠杆：投资人挑项目到底看什么

伟大的古希腊科学家、物理学家阿基米德有一个著名的杠杆定律——给我一个支点，我就能撬动整个地球。

在商业领域，项目恰如那个支点，而资本则是强大的杠杆，是项目的放大器和加速器。

然而，当投资人审视项目时，他们的目光总能穿透表面的光鲜，聚焦于项目内在的价值底蕴与成长潜力，剖析项目的创新亮点、团队的综合实力、市场的广阔前景以及潜在的风险挑战，力求精准捕捉每一个值得投资的瞬间，为双方绘制出长远的价值蓝图。他们细致入微的程度似乎也总是超乎我们的想象，甚至让人不得要领：项目千姿百态，各具魅力。那么，究竟哪些项目能够脱颖而出，赢得投资人的青睐呢？这背后，实则蕴含着投资人一系列共通而严谨的甄选标准。

投资人的甄选标准

能被资本青睐的核心是什么？这无疑是每位创业者都渴望探知的秘密。其实，资本的选择并非无迹可寻。

虽然每位投资人都有自己的投资策略和标准，但如果你能准确把握并尽量符合这些标准，你的项目就有可能在众多"备选项目"中脱颖而出，成为投资人眼中的"良品"。

我们稻蓝投资在选择项目时会重点观察项目是否具备以下特质：

1. 有伟大的梦想，才能成就伟大的事业

梦想是事业的灵魂，是推动项目不断前行的内在动力。只有拥有伟大梦想的项目，才更有可能创造出非凡的价值，成就伟大的事业。

2024年8月30日，丰巢控股有限公司（以下简称"丰巢"）正式向港交所递交招股说明书，拟在主板挂牌上市。

这家企业的创始人徐育斌，曾是一名普通的顺丰快递小哥，这位快递小哥逐梦IPO的传奇之旅，自然也离不开"伯乐"顺丰老板王卫的慷慨相助和悉心指导。

徐育斌，出身于一个普通的农民家庭，没有显赫的背景和学历。然而，他凭借着自己的勤奋和努力，在顺丰快递的岗位上脱颖而出。长期的一线工作经验让他深刻体会到了快递行业的痛点和机遇，尤其是"最后一公里"配送问题。正是这个问题，激发了他创办丰巢的灵感。

然而，创业之路并非一帆风顺。缺乏经验和资金的徐育斌，在初创时期遭遇了重重困难。他的第一版快递柜设计并不成熟，使用起来麻烦且效率低下，甚至遭到了快递员的抵制。面对困境，徐育斌并没有放弃，而是坚持不懈地改进设计，降低成本，提高实用性。

在这个关键时刻，王卫作为徐育斌的"伯乐"，给予了他大力支持。王卫不仅提供了丰厚的启动资金，还鼓励他放手一搏，勇敢追求自己的梦想。在王卫的支持下，徐育斌带领团队攻克了技术难关，推出了更加智能、高效的快递柜产品，逐渐赢得了市场的认可。

随着时间的推移，丰巢的业务范围不断扩大，不仅覆盖了全国31个省份的20.9万个社区，还涉足了互动媒体服务、洗护服务和到家生活服务等多个领域。其智能快递柜网络已成为全球最大的网络之一，为数亿消费者和数百万快递员提供了便捷的服务。

尽管由于投入与运维成本巨大，以至于回收成本缓慢，多年来亏损始终是丰巢绕不开的问题。但根据丰巢最新的公开财务报告显示，多年的亏损情况已逐渐好转，尤其在2024年，丰巢控股前5个月的营收比2023年同期增长了33.6%。

徐育斌的创业故事是一个关于梦想、勇气、坚持和感恩的传奇。他用自己的实际行动诠释了"千里马常有，而伯乐不常有"的道理。在王卫的支持下，他成功地将一个看似普通的快递小哥的梦想变成了现实，也为我们树立了一个勇于追梦、敢于创新的榜样。这一成功案例不仅证明了徐育斌的商业才华和领导能力，也彰显了王卫作为"伯乐"的慧眼识珠和慷慨相助。

2. 足够大的天空，才能有腾飞的可能

市场，作为项目茁壮成长的广阔舞台，其规模与潜力直接决定了项目所能触及的高度与深度。在当下这个大消费时代，市场需求的多元化与消费升级的浪潮，为各类项目提供了前所未有的发展机遇。对于资本而言，那些蕴藏着巨大市场潜力的领域，无疑是它们竞相追逐的焦点，因为这不仅意味着更高的投资回报率，也预示着更长的增长周期和更广阔的发展空间。

以 2024 年备受瞩目的短剧行业为例，这一赛道的火爆，正是市场需求与时代发展交汇的产物。短剧最初虽以"三保人群"为主要受众，但随着时间的推移，其魅力逐渐吸引了更多年龄层的观众，尤其是那些四五十岁、拥有充裕时间和经济实力的父母们。根据 QuestMobile[①] 的数据揭示，短剧 APP 的用户群体中，近四成用户的年龄集中在 46 岁及以上，且近半数用户每月的线上消费额在 1000 至 1999 元之间。这一现象打破了人们对中老年人与电子产品相处不佳的固有印象，展现了他们在新兴娱乐方式上的活跃参与。

在互联网普及率高达 78% 的当下，银龄群体中的许多人已成为比年轻人更加资深的用户。随着短视频在年轻用户中的渗透率逐渐饱和，中老年用户被视为"最后的增量"，成为各大平台竞相争夺的宝贵资源。微信视频号早期 45 岁以上用户的占比超过 70%，便是这一趋势的明证。

国家统计局的数据显示，到 2023 年，我国 60 岁以上的人口已达到 2.96 亿，占全国人口的 21.1%。这一数据标志着我国已全面步入中度老龄化社会，也预示

[①] QuestMobile（北京贵士信息科技有限公司）是中国专业的移动互联网商业智能服务商，提供互联网数据报告、移动大数据分析、数据运营报告等的互联网大数据平台。

着"蹭老式消费"和银发经济等新兴概念的兴起。

在这样的社会背景下,短剧的转型与成功,或许只是时代大潮中一个小小的切面,但它却生动地展示了市场需求与时代变迁如何共同塑造一个行业的未来。对于任何项目而言,只有足够大的天空,才能为其插上展翅高飞的可能。在这个充满机遇与挑战的时代,把握市场需求,紧跟时代步伐,才能在广阔的市场舞台上绽放出最耀眼的光芒。

3. 夯实的产品基础是快速资本化的根基

产品是项目的核心,是连接消费者和市场的桥梁。一个差异化的产品,能够迅速吸引消费者的注意,建立起品牌认知度。而独特的商业模式,则能够为项目带来持续的竞争优势和盈利能力。资本在选择项目时,会重点关注产品的创新性和市场竞争力。

其实,投资人在对项目进行分析、考察和判断时,其核心目的都是为了找到那些能够带来可观收益的项目。上述这些特质共同构成了项目的核心竞争力,也是资本在选择项目时所看重的关键要素。对于创业者而言,深入理解投资人的选择策略,并有针对性地优化项目,是吸引投资的关键所在。

除了上述基本特质,在投资项目时,我们还会重点考查以下五个核心要素,这些标准构成了我们考虑投资的基础框架(详见表1-3)。请注意,满足这些标准并不等同于项目具备独特性,而是其进入投资者视野的基本门槛。

表1-3 五个核心要素

五个核心考查要素	
资本效率	倾向于投资初期资本投入较低的项目,以降低投资风险并加快盈利的实现
市场适应性	寻找能够深入中国市场、符合中国用户习惯的项目,确保项目能够在中国市场取得成功
创新性	强调项目的商业模式差异化,避免同质化竞争,寻求具有独特竞争优势和持续创新能力的项目
增长前景	深入分析项目所在领域的发展趋势,选择具有爆发式增长潜力的小领域进行投资
长期价值	追求能够创造长期价值的项目,全面评估项目的商业模式、市场份额、估值潜力等因素,确保投资带来长期回报

在初步筛选项目后，我们还会进行具体的落地性和投资价值考量，并对项目进行最基本的调查，以确保我们的投资决策基于全面而准确的信息。

下面，我将从九个方面简要介绍投资人在评估项目时会进行的尽职调查内容，如图 1-2 所示。

尽职调查
- 企业基础概览
- 项目领导与团队剖析
- 行业态势与政策环境
- 发展战略与商业模式
- 核心竞争力分析
- 收入真实性核查
- 上下游产业链审视
- 融资方案设计
- 未来预期与承诺评估

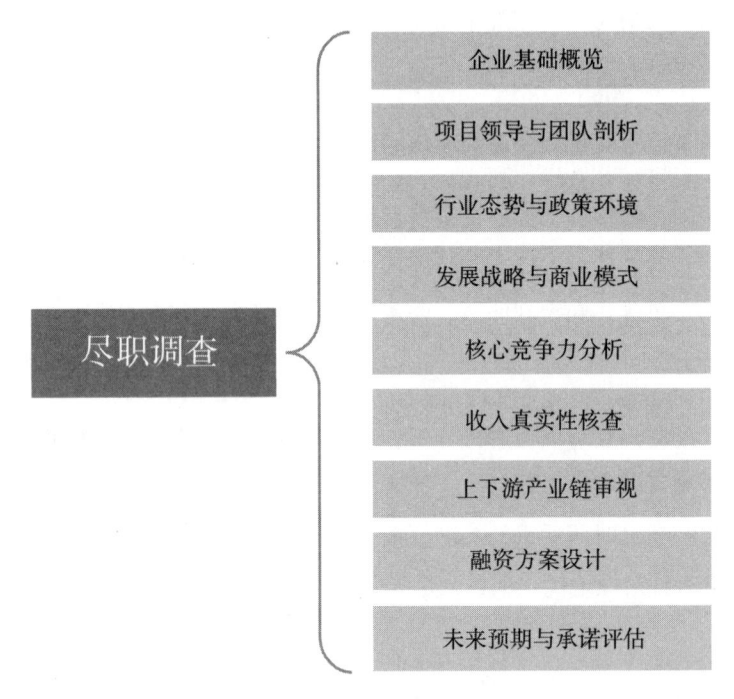

图 1-2　尽职调查的九个方面

（1）企业基础概览

涉及企业的创立日期、注册地点、工商信息、注册资本、固定资产详情、法定代表人、财务与税务状况、知识产权持有情况、股权分配以及控股或参股的其他企业等。

（2）项目领导与团队剖析

包括实际控制人和核心团队的详细资料，如团队的组建过程、合作历史、成员间的协作关系、全职与兼职人员比例等。此外，还需评估实际控制人的领导能力、团队成员的执行效率、团队结构的合理性，以及成员的教育背景、创业经历和行业经验等。

（3）行业态势与政策环境

若目标企业不属于国家战略性新兴产业目录范畴，则需审视创始人对国家扶持方向的了解程度，以及该项目是否顺应未来发展趋势。同时，要考察行业的投资准入条件、市场进入壁垒、整体市场状况、行业风险和政策监管情况，并比对创业者和投资人对行业的判断是否一致。

（4）发展战略与商业模式

深入探究企业的发展战略、商业模式和盈利模式，评估其商业模式的灵活性和清晰度。同时，确认企业是否依赖外部机构或第三方，并检查其业务活动是否遵循社会公德。

（5）核心竞争力分析

明确企业的核心竞争力所在。对于声称市场上无竞争对手的企业，需特别警惕其产品或技术的单一性可能带来的风险。同时，对比分析企业与竞争对手的优劣势，并评估其核心竞争力的可复制性。

（6）收入真实性核查

鉴于企业信息与实际情况可能存在差异，调查企业收入时需进行谨慎打折。同时，可以通过与同行业其他企业的订单数和销售收入进行横向对比，以验证企业所披露信息的真实性。

（7）上下游产业链审视

重点关注上游供应商的垄断情况、下游客户的分布和集中度，以及上下游企业的运营能力。这些因素直接关系到项目的稳定性和发展空间。

（8）融资方案设计

详细了解融资方案的内容、依据，以及资金筹措计划和未来合理规划。

（9）未来预期与承诺评估

探究创业者对未来发展的规划、预期业绩及其事实依据，并评估其承诺的可实现性。对于初创企业，业务尽职调查尤为重要，因为这类企业可能尚未建立完善的经营记录和审计税务报告。

以上是我们稻蓝投资在投资决策中不可或缺的环节，它能够帮助投资者全面了解项目的真实情况，降低投资风险。当然，上述内容也并非绝对的，但通过上述几个方面的深入调查，我们可以更加明智地做出投资决策，避免不必要的损失。

双向奔赴的互投之旅——知、会、行三个阶段

创业者与投资人的关系绝非单向选择，而是基于相互理解和共同目标的"双向奔赴"。这一过程，我将其精炼为知、会、行三个阶段，每个阶段都蕴含着独特的策略与智慧。

"知"的阶段——与投资人"对话"：创业者必学的四种"语言"

作为一名创业者和投资人，我深刻体会到与投资人沟通的重要性。很多时候，创业者与投资人之间的交流似乎存在障碍，如同鸡同鸭讲。创业者与投资人之间的沟通，往往因缺乏共同"语言"而显得困难重重。为打破这一局面，创业者需掌握与投资人有效沟通的四种关键"语言"。

语言一：洞悉盈利模式

深入理解风险投资的经济逻辑，特别是普通合伙人（GP）与有限合伙人（LP）的角色及收益分配机制，是创业者与投资人建立共识的基础。

语言二：展现高增长力

投资人追求的是高退出值，即项目未来的巨大市场价值和增长空间。因此，创业者需清晰描述项目的市场潜力和增长空间。

语言三：平衡持股比例

高持股比例是投资人确保收益的重要手段。创业者需理解投资人对股份的期望，并在谈判中寻求双方都能接受的平衡点。

语言四：维系良好关系

构建信任桥梁。在投资人筛选海量项目的过程中，与创业者建立的深厚关系往往成为决定投资的关键因素。创业者应主动沟通，及时反馈，以维系并加深这种信任。

掌握这四种"语言"，创业者便能更有效地与投资人沟通，展示自己的项目价值，从而增加获得投资的可能性。

如果我们将融资视为一场试炼，投资人则扮演着试炼中的评判者角色，你的核心任务便是赢得评判者的青睐与信任。融资之旅，实质上是在运用盈利模型，巧妙回应评判者抛出的种种棘手挑战。

因此，除了正确理解投资人的"语言"，倘若你能提前对投资人常问的问题做一些功课，回答精准，使投资人深信你能携手共创财富，那么融资便水到渠成，成功的可能性就多了一分（详见表1-4）。

表 1-4　投资人常见问题清单

分类	投资人爱问/常问	提问潜台词/推荐回答角度
关于团队构建	你踏上创业征途的初衷何在？	考察内在的驱动力/价值感
	团队是如何集结的？	成员间是否形成核心能力
	与竞争对手相比，你的团队拥有哪些独特优势？	与业务核心能力的契合度
	你的团队是否足够优秀？	团队是否具备成功的潜质
	团队内部的股权结构是怎样的？	分配是否科学合理
	合伙人因何与你并肩作战？	合伙人期望与团队凝聚力源自何处
	你的团队当前规模与分工情况？	这样的部署能否有效支撑业务发展

续表

	投资人常见问题清单	
关于业务模式	你的项目具体解决什么问题？能否通过实例生动说明？	考察能否快速说清业务
	你的解决方案是否经得起推敲？	你的关键假设及验证进展
	盈利模式的核心是什么？	商业逻辑预判的依据何在
	流量获取的策略与渠道有哪些？	考察获客渠道与成本
	商业模式中蕴含的增长动力是什么？	增长驱动因素是什么
关于市场分析	你如何估算市场天花板的？	考察是否有调研方法与验证
	所在赛道的发展趋势如何？	行业集中度及项目壁垒的评估
	从用户角度出发，行业的核心痛点是什么？	用户视角及如何代入场景解释你的服务
	为何此刻是创业的最佳时机？	预判行业变化与窗口期
关于发展规划	你期望融到多少钱？	这一数字是如何得出的
	未来 N 个月内，你的业务蓝图是什么？	与融资额的逻辑关联何在
	上一轮融资的投资者是谁，投资时间是什么时候？	了解上一轮的融资情况
	当前估值的依据是什么，采用了哪些可靠的估值方法？	是否有靠谱的估值方法
关于竞争格局	你的主要竞争对手有哪些？	如何理解市场定位
	竞争对手的发展状况如何，你为何仍有胜算？	考察对竞争情报的掌握
	你的业务长期竞争优势何在，如何构建竞争壁垒？	竞争壁垒预判
	相比现有产品/服务，你的项目带来了哪些显著优势？	比原来方案好多少
关于数据表现	你的业务关键指标有哪些？	符合行业公认的评价标准
	当前的运营数据如何？	不要单纯聊数字，聊背后的结论
	项目运营时长及盈利状况？	单点模型是否已验证可行
	客单价、客户数量、销售额及利润等关键数据如何？	评估项目健康状况

"会"的阶段——做好充分准备，避免尴尬与无效沟通

整个融资筹备的过程是一项涵盖广泛内容的重大议题，在现实中，就算是已经共同生活过一段时间的人也未必100%了解彼此，更何况是初次见面的两个陌生人。在稻蓝，我们的专业服务团队致力于投入数周乃至数月的时间，全方位、细致地协助客户完成这一复杂过程。若要将每一环节细细展开，恐怕需耗时数日课程的工夫方能详尽阐述。

为此，我们精心汇总了一份融资筹备中的关键要素自查清单（详见表1-5），从而为大家提供一个全面自检的工具。通过这份清单，大家可以系统地评估自己的融资准备工作是否已臻完善，确保后续每一步都走得更加稳健踏实，也避免尴尬与无效的沟通，为成功融资奠定坚实基础。

表1-5 融资筹备自查清单

环节	内容
第一步 建基础认知框架	资本市场概览：你是否对基金的整体规模、分类及投资风格有深入了解？
	融资流程精通：你是否清楚融资各环节的必备材料，以及如何有效推进投资意向至实际落地？
	基金内部运作：你是否熟悉基金内部的职位设置、决策流程及会议通过的关键节点？
	融资术语掌握：你是否能熟练运用TS（投资条款清单）、SPA（股权购买协议）、GP/LP（普通合伙人/有限合伙人）、DD（尽职调查）等融资术语？
第二步 业务梳理与优化	市场潜力评估：你的目标市场容量及增长天花板是否经过严谨推算，具备说服力？
	商业模式阐述：你的商业模式是否表述清晰，易于投资人理解并产生兴趣？
	竞争态势分析：你是否客观评估了竞争环境，并有效突出了你的核心竞争优势？
第三步 打造高质量 商业计划书 （BP）	BP质量提升：你的BP是否已达到行业合格标准，结构清晰，内容全面，且经过多轮打磨？
	逻辑框架构建：你的BP是否遵循了一条清晰的叙述逻辑，引导投资人顺畅理解？
	行业痛点聚焦：你是否准确识别了行业痛点，并展示了你的差异化解决方案？
	团队实力展示：你是否充分展现了团队的核心能力，以及团队成员的优秀特质？
	数据支撑与规划：你是否提供了有力的进展数据和关键指标，以及合理的业务规划与融资计划？
	格式与排版优化：你的BP格式是否简洁大方，易于阅读，且适合在手机端传播？

续表

融资筹备自查清单	
第四步 高效对接资本	渠道拓展：你正在利用哪些有效途径，将项目信息准确传递给投资机构？
	亮点提炼：你是否能用一句话精准概括项目亮点，吸引投资人的注意？
	安利文案创作：你是否准备了引人入胜的项目介绍文案，激发投资人的阅读兴趣？
第五步 与投资人沟通	故事线构建：你准备的商业故事是否逻辑严密，能够清晰传达项目价值？
	情感共鸣：你的故事是否足够打动人心，让投资人深刻理解并记住你的项目？
	约见流程熟悉：你是否了解投资人约见的完整流程，包括时间安排、讨论内容等？
	兴趣识别：你是否能准确判断投资人的真实兴趣，不被其言辞所迷惑？
	投资意向推进：你是否清楚从 TS 到最终打款的全流程，以及各环节的关键工作和所需材料？

如上表所示，融资筹备的核心流程可以精炼为几大关键步骤：奠定基础、内部梳理与对外展示。首先，掌握融资所需的基础知识是不可或缺的起点；随后，第二与第三步则聚焦于企业内部，进行深入的业务与团队梳理；最后，第四与第五步则转向外部，致力于精准有效地向投资人展示项目价值。

可以说，一个全面且高效的融资筹备过程，实质上就是围绕这五大环节展开：先打牢基础，再内部精耕，最后对外精彩呈现。对于寻求融资的你而言，这几乎是一条最为直接且有效的筹备路径。至于具体如何写一份高质量的商业计划书，我们将在后面章节详细阐述。

"行"的阶段：紧密"跟踪"投资人，直至项目成功落地

在项目筛选的过程中，我深刻体会到，众多项目在初步交流后便杳无音讯，如同求职者的简历石沉大海。创业者们在推进项目时，往往会遇到诸多困惑与挑战，但是不应过早地轻言放弃，不妨多想想在有了基础的了解与沟通后，如何进一步吸引并促成投资。为此，我归纳了如下要点，以助力创业者更高效地推动项目落地（详见表 1-6）。

表 1-6 进一步推动项目落地的细节

进一步推动项目落地的细节	
主动邀请与高效沟通	面对分歧或僵局，主动邀请项目方进行深入交流是破冰的关键。选择合适的时机与方式，提升沟通效率
专业拜访与精彩呈现	首次会面至关重要，需注重形象、礼仪及专业资料的准备。明确拜访目标，精心安排会议内容与时间，以留下深刻印象
及时反馈与紧密跟进	初次拜访后，及时与专业团队讨论并回应项目方的疑虑。制定解决方案，并迅速反馈，展现专业与高效
深入互访与决策推动	进入二次互访阶段，意味着项目方已产生一定兴趣。此时，应更详尽地展示项目，并准备与决策者进行深入交流
细致洽谈与合作细节	项目落户前，需与投资方就协议条款进行细致沟通，包括投资金额、股权分配等关键信息，确保合作顺畅
项目成功引进与持续服务	项目落户并非终点，而是持续服务的开始。协助项目方熟悉流程、解决人才与政策等问题，确保项目长期稳定发展

把握上面几个细节，创业者将能更有效地推进项目落地，与投资人建立稳固的合作关系，共同实现项目的成功引进与长期发展。

在创投案例中，小红书与金沙江创投的故事堪称经典。从金沙江创投早期对小红书的果断投资，到如今小红书成为其股东，这段旅程见证了双方的紧密合作与共同成长。

2024 年 8 月，小红书通过行吟信息科技（上海）有限公司，正式成为杭州金沙江初向量创业投资合伙企业（有限合伙）的股东。这一举动不仅彰显了小红书对金沙江创投的信任，也体现了双方长达十年的深厚渊源。

早在 2013 年，当时小红书还处在初创阶段，金沙江创投便以其敏锐的市场洞察力，成为小红书最早的投资方之一。十年间，小红书从一个小型编辑部发展成为估值千亿的超级独角兽，金沙江创投始终陪伴其左右，共同经历了从默默无闻到万众瞩目的蜕变。

金沙江创投的投资策略与小红书的发展轨迹不谋而合。在小红书的崛起过程中，金沙江创投不仅提供了资金支持，更在战略规划、市场拓展等方面给予了宝贵的建议和支持。正是这种紧密的合作，使得小红书能够在激烈的市场竞争中脱颖而出，成为行业内的佼佼者。

如今，小红书选择投资金沙江创投，不仅是对其过去投资的回报，更是对未来合作的期许。通过成为金沙江创投的股东，小红书将能够更深入地参与到创投领域，与金沙江创投共同挖掘和培育更多的优质项目，实现共赢。

小红书与金沙江创投的故事，是创投圈中反哺伯乐，双方保持长期合作的佳话。在创业的凛冽寒风中，也只有双方携手共进，才能在市场的风浪中稳舵前行，共同创造更加辉煌的未来。这段"双向奔赴"的旅程，对投资人来说是一股弥足珍贵的活水，而对创业者而言，更是募资寒冬下的一抹暖意。

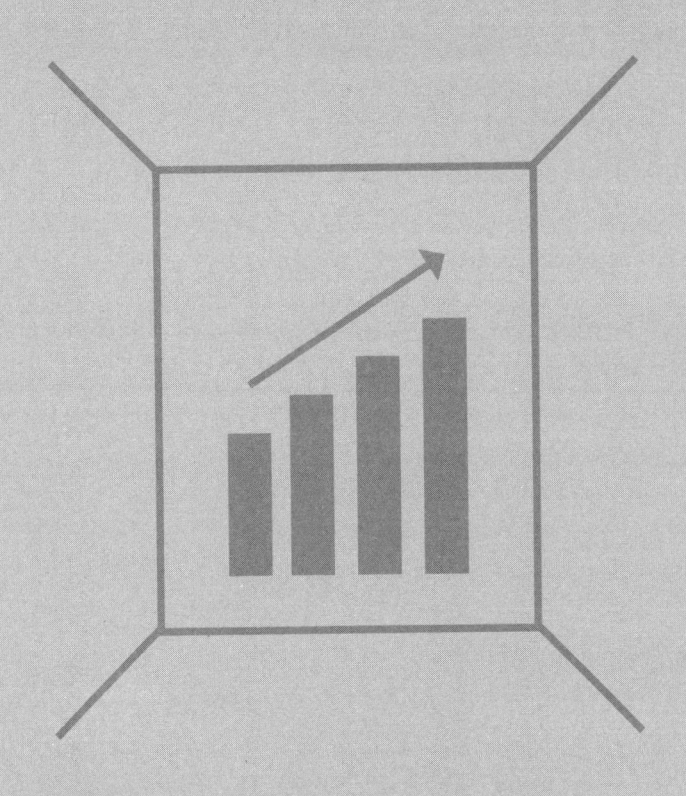

02

为什么投你：
企业家综合实力是征服投资人的"敲门砖"

在寻求投资的道路上，企业家不仅需要有一个前景广阔的项目，更需要展示出一种综合的实力与魅力，以赢得投资人的青睐。这种实力并非单一的经济数据或市场规模，而是包含了多方面的素质和能力：深入了解用户需求的敏锐洞察力、对创业路径的执着信仰、面对困境能够灵活变通的思维能力、不依赖运气而注重实干的健康心态、扎实的商业常识以及掌控全局的布局能力。这些素质共同构成了企业家征服投资人的"敲门砖"，是他们能够在激烈的市场竞争中脱颖而出的关键。

　　本章将从这些方面逐一探讨，揭示企业家如何通过这些综合素质来赢得投资人的信任和支持。

综合的素养：企业家个人魅力

在选择投资项目时，像巴菲特这样的投资大师，总是特别关注目标企业的经营决策者。如果发现经营者的行为存在不诚信行为，他会果断地将这样的企业排除在投资选择之外。这足以说明，"人"的因素在商业决策中占据着至关重要的地位。

专业的投资人在寻找并投资那些在高成长行业中表现突出的企业的过程中，他们会进行大量的市场调研和深入的行业研究，这些分析和研究只是投资人投资决策的一部分。真正促使他们最终做出投资决定的，其实是企业家和创业者本身的综合素养和个人魅力。正是这些难以量化的特质，让投资人对他们领导的企业充满信心，并期待在未来共同创造更大的价值。

投资重在投人——如果你是投资人，你会把钱投给谁？

在央视备受瞩目的节目《舌尖上的中国》第三季中，山东的"摔面汉子"孙竹青给观众留下了深刻的印象。他坚守的"做一个正直的人，做一碗有良心的面"信念，不仅展现了他二十年如一日精湛的摔面技艺，更透露出他对家人和生活的责任与担当。即便在营销资源有限、面的销量不尽如人意的情况下，他依然坚守"面条中不加添加剂"的原则，这份执着不仅赋予了面条独特的筋道，也塑造了他不屈的精神风骨。

孙竹青的面条，除了独特的摔面技巧，还有那一锅精心熬制的骨头汤。他每天凌晨就出现在市场，亲自挑选熬汤用的大骨，确保每一碗面的汤底都是新鲜、高品质的。面对市场的质疑和不解，他始终不改初心，用一碗碗充满良心的面条，传承着传统的手艺。

在接受采访时，孙竹青坚定地表示："无论生意如何变化，我对于这碗胶东摔面的原则始终不变，那就是要讲良心。只有心里踏实，做出的食物才会让人觉得吃得饱、吃得好。我会保持本心，永不妥协。"

在新的经济形势下，财富将更多依赖于精耕细作的"运营"型增长。这意味着，在当下这个时代，要成功经营一家企业或做好一个项目，必须更加注重产品和内容的品质，更加注重实打实地运营。只有靠谱的人，付出比别人更多的努力，才有可能成为最终的赢家。那些试图走捷径、靠运气赚钱的人，最终往往会因为自身的"实力"而亏损。因此，在投资人眼中，人的靠谱程度是决定他们是否愿意投资的关键因素。

1. 投人就是投"品格"

在投资人的决策过程中，企业家的品格无疑是一个至关重要的考量因素。品格的三大支柱——"胸怀""格局"和"信用"，共同构成了我们判断企业家是否值得投资的重要标准。

"胸怀"不仅是企业家从容面对各种挑战和不确定性的内在支撑，更是其领导团队、吸引人才的重要魅力所在。一个拥有博大胸怀的企业家，能够容纳百川，带领团队共同攀登事业的高峰。

而企业家的"格局"则直接关乎企业的未来发展高度。它体现了企业家心中的远大目标和对未来的宏伟规划。一个缺乏高远格局的企业家，其企业很可能在达到某个阶段后便停滞不前，无法继续向前发展。

"信用"则是投资人与企业家建立合作关系的基石。在投资领域，信用破产意味着企业价值的严重贬值。一旦发现信用问题，投资人会毫不犹豫地放弃投资，因为投资必须建立在坚实的契约精神之上。

2. 投人就是投"天赋"

在投资人的眼中，优秀的企业家精神——如勤奋、智慧、强大的学习力和高效的执行力——很大程度上源于他们的个人天赋。这些特质并非可以轻易选择和培养的，而是与生俱来的独特品质。

我们投资过的杰出企业家们，无论事业处于何种阶段，他们始终保持着对知识的渴求和对自我提升的执着。他们拒绝呆板、享乐的生活方式，选择持续学习、不断进步，这种内在的驱动力正是他们天赋的体现。投资这样的企业家，就是投资于他们的天赋和无尽的潜力。

3. 投人就是投"专注"

我们常常听到"世上无难事，只怕有心人"的格言，然而真正将这句话践行到底的人却并不多见。在投资领域，专注力是评估一个创业者或企业家是否值得投资的重要标准。

许多投资人会提出一个有趣的问题：蜘蛛没有翅膀，为何却能在空中织出如此精美的网？答案就在于蜘蛛的专注与坚韧。它从屋檐一隅开始，小心翼翼地吐出每一根丝，一步一个脚印地向下攀爬，再费力地爬上对面的屋檐，收紧每一根丝。这个看似简单却需要极高精度的过程，被蜘蛛反复执行，直至最终织成一张紧密而精致的网。

商业世界的成功故事往往也是这样被创造出来的。那些专注于目标、不畏艰难、持之以恒的企业家，就像蜘蛛一样，通过反复尝试、不断调整和优化，最终创造出令人瞩目的商业奇迹。因此，当投资人选择投资对象时，他们实际上是在投资于这种专注力和坚韧不拔的精神。

4. 投人就是投"坚韧"

在投资人的决策过程中，成功企业家的三大要素——智商、情商和逆商，都是重要的考量标准。除了智商和情商外，逆商，即面对逆境时的应对能力，同样是我们评估是否投资某个人的关键维度。坚韧，作为企业家的一个重要品格，深刻反映了一个人在遇到挫折和困难时的解决能力。

总之,"投资就是投人"。而投资人在投人时,更喜欢侧重投那些"有品格""有天赋""能专注""能坚韧"的人。道理很简单,因为有品格的人才会有伙伴,有天赋的人才能有进步,能专注的人才有深度,能坚韧的人才有高度!

CEO 的个人素质是征服投资人的"敲门砖"

在投资领域,我遇到过众多创业者,他们或许凭借直觉发现了一个有前景的产品或项目,便急匆匆地投入其中。然而,当产品问世后,他们往往发现现实与预期存在差距,导致项目陷入困境或被迫放弃。这背后反映出的是创业者,尤其是 CEO 的战略眼光和执行力的不足。

一个项目的成功,从立项到推向市场,再到稳健发展,这是一个长期且需要战略聚焦和持续关注用户体验的过程。这一过程中,CEO 的角色至关重要,他们不仅决定着项目的方向,更影响着整个团队的凝聚力和执行力。

一个优秀的 CEO,首先要有强烈的"使命感"。这种使命感不仅驱动他们为企业创造社会价值,还能引导企业在赚钱的同时,坚守道德底线,实现可持续发展。以百度为例,其"让人们最便捷地获取信息,找到所求"的使命感,不仅为用户提供了便捷的服务,也为企业带来了巨大的商业价值。

此外,CEO 还需要具备接地气的思维。这种思维使他们能够深入理解市场需求,关注用户体验,从而带领企业创造出真正有价值的产品和服务。一个脱离实际、瞧不起基础行业和群体的 CEO,是难以带领企业走向成功的。

在融资过程中,一个好的 CEO 能够让投资人看到企业的潜力和未来。他们不仅要有战略眼光和执行力,还要有强烈的使命感和接地气的思维。这样的 CEO,才是投资人真正青睐的对象。

一个好的 CEO 需要具备多方面的素质:他们要有前瞻性的战略眼光,能够准确把握市场脉动;他们要有强大的执行力,能够带领团队将愿景变为现实;他们更要有坚定的使命感和接地气的思维，确保企业在追求商业价值的同时，也能为社会创造真正的价值。

总结起来主要为以下几个方面：

在当今竞争激烈的市场环境中，一个优秀的 CEO 必须具备多方面的核心能力，以引领企业稳健发展。以下是对这些核心能力的深入剖析：

1. 洞察本质与创新思维

优秀的 CEO 应具备洞察行业本质的能力，能够识别并关注影响项目发展的关键因素。他们不仅要了解行业的基础知识，还要能敏锐地捕捉市场的细微变化。当市场环境发生改变时，CEO 应迅速调整策略，找到新的增长点。这种回归本源的思考方式是创新的前提，它要求 CEO 从问题的根源出发，寻求更高效、更贴合产品特性的解决方案。例如，像埃隆·马斯克这样的行业领袖就善于运用"第一性原理"来思考问题，从而实现了多个领域的突破和创新。

2. 卓越的产品能力

在用户时代，产品是企业的核心竞争力。CEO 需要密切关注产品是否受到用户的喜爱和认可。许多成功的 CEO 本身就是优秀的产品经理，他们能够将用户需求转化为具体的产品功能和设计。通过交付具有高性价比的产品，CEO 可以展现其卓越的产品能力，并让用户真切感受到产品的价值和力量。

3. 全面的生态思维

CEO 必须具备全面的生态思维，对行业有宏观的认识和看法。他们需要找准自己在行业中的定位，熟悉公司业务的各个阶段，并能够找到各阶段之间的内在联系。拥有动态的行业发展视角使 CEO 能够预测行业的未来趋势，从而做出明智的决策。

4. 开阔的视野与格局

在合作共赢的时代背景下，优秀的 CEO 需要善于整合和利用各种资源。他们应具备将公司业务与相关行业相结合的前瞻性思维，能够站在更高的角度看待行业的发展。这种开阔的视野和格局有助于为公司制定正确的宏观发展战略。

5. 出色的驾驭能力

CEO 的驾驭能力主要体现在对人才的管理和激励上。他们应善于知人善任，通过举办活动或制定福利待遇来调动员工的积极性并提高忠诚度。一个优秀的 CEO 会充分了解团队成员的优缺点，发挥他们的长处并避免短处，从而凝聚团队力量共同为公司的发展目标奋斗。

一个优秀的 CEO 不仅仅要具备回归本源、产品能力、生态思维、高视野与大格局，以及驾驭能力等核心素质，更要在这些素质的基础上，形成自己独特的个人魅力。这种魅力源于他们的综合素养——深厚的行业洞察力、敏锐的市场直觉、卓越的管理才能，以及对团队和企业深深的热爱与责任感。正是这种个人魅力，使得企业家能够在复杂多变的市场环境中游刃有余，引领企业走向更加光明的未来。

执着的信仰：坚持自己的路径

经营企业，其实质不只是追求利润，更深层的是在经营一种"相信"。这种"相信"逐渐升华为"信念"，最终铸造成坚不可摧的"信仰"。在构建企业经营的金字塔时，"相信"便是那坚实的基石。

想象一下，如果你对自己、对企业的愿景和产品都没有坚定的信心，那你如何能够做好销售，如何能够让企业蓬勃发展？这种信任不仅是对外的展示，更是内在的驱动力。

而谈及信仰，我们并非倡导盲目崇拜某个人或某个宗教，而是强调信仰自己、信仰自己的能力和潜力。因为，当你选择信仰他人时，你实际上是在交出自己的力量；但当你选择信仰自己时，你便掌握了这股力量，甚至能够吸引他人来信仰你。

这种信仰不是虚无缥缈的，它会转化为具体的行动和决策，指导你在经营和人生的道路上，始终坚定地走自己的路，不受外界诱惑和干扰。

做"有信仰的企业家"：践行社会责任

在众多中国的企业家里面，我个人最佩服的一位是曹德旺，他作为福耀玻璃集团的创始人和董事长，不仅以其在商业领域的杰出成就闻名，更因其慈善行为而备受赞誉。

据媒体不完全统计，自1983年首次捐款至今，草根出身的玻璃大王曹德旺，累计捐款高达260亿元，其中个人捐款160亿元。

作为一位成功的企业家和慈善家，曹德旺在人生舞台上扮演着双重角色。与福建当地的习惯不同，他的家门口并没有摆放石狮子，而是一只独特的貔貅。这只貔貅通体乌黑、咧嘴大笑、圆润可爱，最特别的是其屁股上有个洞。曹德旺幽默地解释说："人家的貔貅都是只进不出，那不是要撑死啊，钱财，就要有进有出。"

由于曹德旺的慷慨善举，每年都有许多人找到他家门口寻求帮助。面对这些求助者，无论是真正有困难的人、生意破产者，还是骗子，他都以佛家的因果观来看待和理解。尽管有时会遇到利用他善心的情况，但他仍然会根据实际情况做出判断并继续他的慈善事业。

四十年来坚持行善布施的曹德旺已经见识了众生百态。对于受益人的需求和想法，他有着越来越细腻的体察和智慧的处理方式。而对于那些节外生枝的非议他则总是一笑而过继续他的慈善之路。

在曹德旺身上，我们既能看到中国真正的企业家精神的熠熠闪光，又能感受到他个人深沉而坚定的信仰。

他以专心、专业和专注的态度，深耕汽车玻璃领域三十余载，产品远销全球70多个国家，占据了全球汽车玻璃25%的市场份额，因此被业界誉为"玻璃大王"。曹德旺曾豪言，要为中国人打造自己的汽车玻璃品牌，让这片玻璃代表中国走向世界，与全球行业巨头一争高下。如今，他已成功实现了这一目标，向全世界展现了中国企业家的风采和实力。

在商海浮沉中，企业家与商人虽同舟共济，却各怀志向，可以说，二者有着本质的区别。

商人以利润为帆，追逐市场的风浪；而企业家则更注重事业带来的社会变革，积极承担社会责任，如曹德旺所言，企业家的责任在于使国家强大、社会进步、人民富足。

变通的思维：灵活处事不刻板

作家刘润曾说："平庸的人改变结果，优秀的人改变原因，而最高级的人改变思维。"在这个充满不确定性的时代，成功的企业家不只是那些致力于改变世界的圣人，而是能够灵活变通地适应世界的人。

"思则变，变则通，通则达"——形成人无我有、人有我新的竞争优势

随着科技、全球化与信息的迅猛发展，传统思维模式已难以满足现代社会的需求。那些能够快速适应变化、勇于创新的人，才能在竞争中脱颖而出。变通思维，即要求我们在面对问题时，不局限于既定框架，敢于突破常规，寻求新的解决方案。它强调思维的灵活性、开放性与创新性，鼓励我们从多角度审视问题，勇于尝试未知。比如新东方教育集团，在面对市场竞争压力和政策调整的双重挑战下，果断地调整战略方向，成功实现转型。

2024年9月，天眼查的一则消息揭示了新东方的一次重要变革：北京新东方沃行天下国际旅行有限公司的法定代表人由俞敏洪变更为杨志辉。这一变动，不仅是新东方文旅板块的一次人事调整，实际上，近年来，围绕着"东方甄选和董宇辉究竟谁成就了谁"的话题仍是众说纷纭，但无论如何，都绕不开一个人，那

就是俞敏洪。

时间倒回至 2021 年 8 月，面对"双减"政策的空前冲击，新东方股价暴跌，营收锐减，俞敏洪没有选择逃避或固守旧业，而是迅速调整策略，寻找新的出路。他深知，在变幻莫测的市场中，唯有变通才能生存。于是，他毅然决然地带领新东方走上了转型之路。

带货，这个看似与教培行业格格不入的领域，却成了俞敏洪眼中的救命稻草。他敏锐地察觉到，农村地区丰富的农副产品与互联网直播的结合，或许能为新东方打开一扇新的大门。于是，这位看似有点书生气的企业家亲自上阵，率领董宇辉，以知识带货的方式，将农产品与地理、人文、历史等知识相结合，为观众呈现了一场场别开生面的直播盛宴。

从直播走红全国到如今离职，看客们鲜少走心，理性分析。好在双方都很体面，如董宇辉所言"分开不是我们俩任何一个人的目的""我俩确实没啥问题"，俞敏洪也将善意摆到台面，并赠予对方价值 3.58 亿元的"大礼包"，被外界视为慷慨之举。

说到底，泼天的富贵和流量是董宇辉接住的，但一家传统企业——新东方的转型、东方甄选的触底反弹、置之死地而后生，却深深受到俞敏洪的影响。

俞敏洪的变通思维不仅体现在对商业模式的创新上，更体现在他对企业责任的坚守上。在转型过程中，他没有忘记新东方的初心和使命，而是将情怀和信仰融入新的业务中。他希望通过助农扶农的方式，让农业工业化，让农村人变成农业产业工人，从而解决留守儿童教育问题，让传统的农村文化得以回归。从这个视角来看，他似乎更符合我们上一节谈到的企业家情怀与责任。

但我更加欣赏俞敏洪的变通思维，让新东方在绝境中找到了生机。俞敏洪以他的智慧和勇气，带领新东方走出了一条不同寻常的转型之路。要知道，同一时期，有多少同行业的人在转型的路上折戟沉沙。

再如，小米公司的创始人雷军，在企业成立之初，就巧妙地运用互联网思维，通过线上销售、提供高性价比产品和迅速响应市场需求等策略，成功进军手机市场，在近年来的发展中，小米公司的商业触角还延伸到了与人们生活息息相关的各个领域，甚至汽车领域，并取得了令人瞩目的成绩。

企业家在经营企业时总会遇见各种各样的问题，每个问题都可能有多种解决方案。成功的关键往往不在于你拥有多少资源，而在于你如何巧妙地运用这些资源。

要培养变通新思维，建议可以从以下几个方面入手：首先，保持好奇心与求知欲，不断学习新知识、新技能，为变通思维提供素材与灵感；其次，勇于质疑与挑战传统观念和规则，打破思维定式；再者，进行跨界学习与融合，将不同领域的知识和思维方式相结合，形成独特视角；此外，通过实践探索与反思，将变通思维转化为实际行动，并在实践中不断完善；最后，培育批判性思维，保持独立思考，形成自身判断和见解。

未来，只会充满更多变化、挑战与不确定，也只有持续培育和发展自身的变通新思维，以更加灵活和创新的姿态迎接未来的每一个挑战与机遇，我们才有更多底气决胜未来。

健康的心态：不赌运气不投机

在商业世界中，有些创业者曾经站在风口浪尖，享受着成功带来的风光，但随后却因投机心理而跌入深渊，甚至面临倾家荡产的困境。这种现象并非孤例，而是经商道路上的常见陷阱。

许多一度辉煌的企业家，最终走向衰败，其背后的原因除了外部环境的变化，更重要的是他们内心的投机心理。为了追求更大的利益，他们不惜冒险，甚至愿意赌上全部身家。然而，这种过度投机的做法往往导致他们失去理智，忽视了商业经营中的风险管理和稳健原则。

资本市场是一个充满魅力的舞台，但它并不适合所有人。对于那些缺乏智慧、不愿意思考、心理承受力弱或企图通过短期投机实现暴富的人来说，这个市场可能会成为一个危险的陷阱。

作为创业者，必须时刻保持清醒的头脑，坚决摒弃投机心理。创业之路并非坦途，需要耐心、努力和智慧。我们应该专注于深入了解市场需求，提升用户体验，持续推动项目的发展和创新。只有这样，我们才能在激烈的市场竞争中立足，赢得投资者的真正信任和长期支持。

因此，稳健经营、远离投机是每一个创业者在经商道路上必须坚守的原则。

稳健前行，远离"投机"心理

作为创始人，维持一个稳健的心态是成功的基石。不少创业者在筹集资金时，常常会步入一个误区，即过度地去迎合投资者的偏好，甚至不惜更改原有的经营策略或项目方向。但这样的做法，往往不仅削弱了项目的特色和核心价值，更可能因小失大，为了眼前的短暂利益而忽略了长远的发展规划。

通常，那些持有过度投机心态的创业者会展现出以下特点：他们善于寻找并利用市场、法律或规则的漏洞；他们常常抱着"碰运气"的心态，成功了就归功于自己的好运，失败了则自认倒霉；他们可能并不真正持有商品或资产，而是依赖对信息的掌握和对市场的敏锐洞察，在买家和卖家之间斡旋以获取利润。

过度投机的行为多种多样，一方面可能涉及明确的违法行为，如制造并销售劣质产品，伤害消费者；囤积货物以制造短缺；盲目进行资源开发，导致资源浪费和环境破坏等。另一方面，它也可能表现为钻法律和政策的空子，采用不道德的手段获取商业利益。

虽然过度投机有时确实能为某些人带来迅速地成功和财富，这样的案例也为众多创业者提供了某种"榜样"。但我们必须清醒地看到，在投机行为中，真正成功的人总是少数，而失败的人则是大多数。那些少数成功的案例，也并非常胜将军，他们的成功往往是短暂的，难以持久。

张总不仅是一位对互联网行业有深刻见解的资深投资人，还是一位历经创业挑战并抓住市场机遇的企业家。他的这种双重身份，使他能够深刻理解初创企业和团队的挑战与机遇，并总愿意为他们提供有力的支持，帮助他们稳步前行。

在张总看来，创业并非简单的商业冒险，而是一种对生活、对事业的深刻追求和热爱。他坚信，"那些抱有'投机'心态的创业者，如果只是试图碰碰运气，那么他们很难真正达到成功。因为成功不是偶然的，它需要坚定的决心、持续的努力和卓越的智慧。"

2024年新春伊始，张总在一次行业交流会上遇到了正在创业的小王，她是一位专注于VR/AR领域的女性创业者。小王的技术实力和对项目的热情深深打动了张总。经过一系列深入地沟通和交流，张总决定为她提供全方位的支持和指导。

"投资不仅仅是投入资金，更重要的是投入我们的专业知识和经验，以及我们对创业团队的信任和支持。"张总说。他被小王对创业的执着和热情所感染，决定加入她的创业旅程，为她提供战略指导、市场分析和团队管理等方面的帮助。

随着公司业务的不断扩展，小王面临了团队管理的挑战：一些早期团队成员已无法适应公司快速发展的需求。张总深知团队稳定性和持续成长对公司的重要性，他建议小王采取一种平衡和人性化的方式来解决这个问题，确保每个团队成员都能够在公司中找到自己的位置并实现个人价值。

后来，张总投资的公司逐渐在VR/AR行业中崭露头角，展现出强大的竞争力和市场潜力。谈及这次合作，张总表示："我们非常荣幸能够与小王和她的团队携手共进，共同实现创业梦想。这正是我们稻蓝投资所追求的，与优秀的创业者共同成长，创造更多的社会价值。"

作为创业者，我们应该时刻坚守初心，全力以赴地追求自己的商业目标，而不是寄希望于投机取巧。在商业世界中，许多大佬都深恶痛绝投机行为，华为创始人任正非先生便是其中的佼佼者。在中国经济高速增长的年代，投资热潮席卷了整个社会，炒股和房地产投机成为当时的热门话题。然而，任正非却始终坚守实业之路，对所谓的"机会主义"和短期投机行为嗤之以鼻。

在华为创立初期，任正非就明确拒绝了所有他认为具有投机性质的投资机会，而是选择脚踏实地，专注于通信设备的研发和生产。正是这种稳健的经营理念，为华为奠定了坚实的基础，最终成就了今天的全球通信巨头。

在面对投资者时，创业者要能够清晰地阐述自己的商业模式、市场需求、竞争优势以及未来发展蓝图。同时，他们也应该诚实地面对项目的不足之处和所面临的挑战。

过度投机对于任何一家企业来说都是得不偿失的。你或许能骗过一些人一时，但你不可能骗过所有人一世。一旦客户识破了你的把戏，你的信誉就会荡然无存。更严重的是，如果触犯法律，你将无处可逃，法律的制裁是严厉且公正的。因此，无论过去有多么辉煌，如果走上投机的道路，最终都难免失败的结局，甚至可能倾家荡产。

时刻记住：秉持健康的心态，脚踏实地，创造真正可持续的价值。不赌运气，不投机，这是每一位创业者都应该铭记于心的原则。

商业的智识：常识、见识、胆识、共识

彼得·德鲁克曾深刻指出："预测未来最好的办法就是去创造它。"这句话对于每一位企业管理者来说，都是一种激励和指引。在日新月异的商业环境中，如何引领企业稳健前行，创造更加辉煌的未来？我认为无论是企业家还是各管理阶层，都需要具备"四识"智慧——常识、见识、胆识和共识。

"四识"智慧——常识、见识、胆识、共识

很多人误以为常识就是知识，当然，"知识"也是经营企业的基石。没有深厚的知识储备，就难以洞察市场动态，更难以驾驭企业的航向。然而，知识并非"万能"，尤其是经营企业更注重实践，你读了再多的理论知识，最终也要看实践

的效果。这往往需要我们在知识的基础上有点常识，如图 2-1 所示。

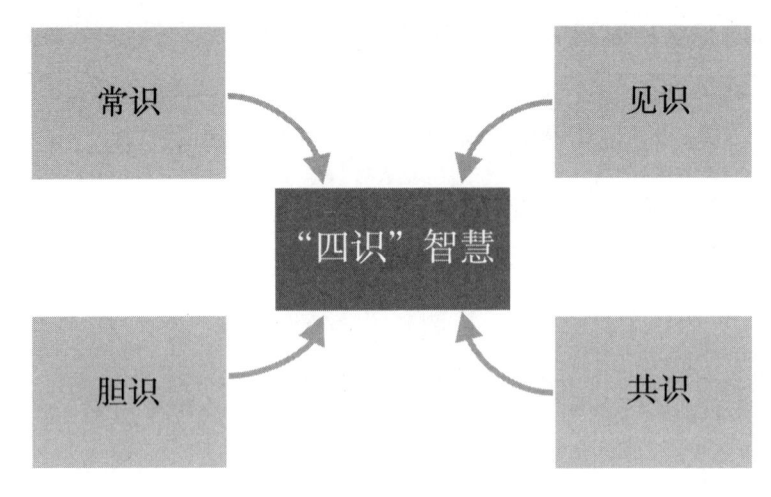

图 2-1　经营企业的"四识"智慧

常识是我们对商业世界基础规律的认识。

它涵盖了市场供需关系、消费者行为、产品定位等基本概念。这些常识性的知识为我们提供了商业活动的基础框架，帮助我们理解市场动态和制定初步策略。例如，了解消费者的需求和偏好是制定市场策略的基本常识，而认识到产品质量和价格是影响销量的关键因素，则是进行产品定位的基础。

见识则体现了企业家对商业趋势的深刻洞察和前瞻性思考。

在快速变化的市场环境中，具备远见卓识的企业家能够敏锐地捕捉到新机遇，及时调整战略方向，引领企业走向成功。见识不仅要求对现有市场的深刻理解，还需要对未来趋势的准确预判。通过不断学习、实践和创新，企业家可以提升自己的见识水平，为企业的长远发展奠定坚实基础。

"胆识"则是管理者在关键时刻敢于冒险、勇于开拓的重要品质。

具体而言，"胆识"是管理者在面临重要抉择时，所展现出的敢于冒险和勇于开拓的宝贵品质。它不仅要求管理者具备在复杂情境中迅速做出决策的魄力，更要求他们拥有为实现企业长远目标而承担风险的勇气。

在商业世界中，机会与风险往往并存。一个具备"胆识"的管理者，能够在关键时刻洞悉市场机遇，迅速做出决策，并带领团队迎难而上，抓住稍纵即逝的商业机会。他们敢于打破常规，不拘泥于传统的经营模式，勇于尝试新的商业模式和战略方向。

然而，"胆识"并非盲目冒险。管理者在展现胆识的同时，也需要结合自身的知识、见识以及对市场的深刻理解，进行科学的风险评估和合理的资源配置。他们需要在冒险与稳健之间找到平衡点，以确保企业的可持续发展。

因此，"胆识"是管理者在关键时刻所展现出的勇于冒险、开拓创新的品质，同时也是他们带领企业走向成功的重要因素之一。

最后，共识是商业活动中各方参与者共同认可的观念或原则。

在商业合作中，达成共识是推动项目顺利进行的关键。它要求各方在利益分配、风险承担、合作方式等方面达成一致意见。通过有效的沟通和协商，可以增进彼此的理解，减少误解和冲突，从而建立起稳固的合作关系。共识的形成有助于提升团队的凝聚力和执行力，共同应对市场挑战。

下面我们以此来分析华为的战略决策是如何运用上述几点的。

背景：

华为，作为全球领先的通信技术公司，在多年的发展中，始终坚守着对常识的尊重、对共识的追求以及对见识的独到理解。下面，我们将通过华为的一个具体战略决策案例，来解析其在商业决策中如何运用"四识"智慧的。

情境：

随着5G技术的日益成熟，华为意识到这将是通信技术的一个重大转折点。公司需要在全球范围内进行5G网络的布局和推广。然而，这一决策涉及巨大的投资和风险。

常识的运用：

华为首先基于通信行业的基础知识和发展趋势，判断 5G 将成为未来通信技术的主流。这是基于常识的判断，因为从历史发展来看，每一代通信技术的升级都会带来行业的巨大变革。

见识的展现：

尽管 5G 的前景被广泛看好，但华为的领导层也意识到，单纯地跟随行业趋势并不足以确保成功。因此，他们决定在 5G 技术的基础上进行创新和优化，以形成自己的竞争优势。华为投入巨资研发了一系列与 5G 相关的核心技术和产品，如芯片、基站和终端设备。这种前瞻性的战略布局，正是基于对行业未来趋势的深刻见识。

胆识的彰显：

在面临巨大的投资风险和市场竞争时，华为的管理者展现出了难得的胆识。他们敢于冒险，果断决策，投入大量资源进行 5G 技术的研发和推广。正是这种胆识，使得华为能够在关键时刻抓住机遇，迅速占领市场先机。

共识的形成：

在确定了 5G 战略方向后，华为高层开始在公司内部进行多轮的讨论和沟通，以确保各级管理团队和员工对这一战略达成共识。通过举办内部研讨会、培训和工作坊，华为成功地使大部分员工认识到 5G 的重要性，并形成了推广 5G 的共同意愿和行动计划。

结果：

华为的 5G 战略取得了巨大的成功。凭借其在 5G 技术领域的领先地位和丰富的产品线，华为赢得了全球众多运营商和消费者的青睐。同时，其内部的共识也确保了战略的有效执行和推广。

在商业决策中，华为不仅巧妙地运用了商业的智识，且基于行业常识作出了正确的战略选择，还通过内部沟通形成了广泛的共识，并凭借其独到的见识在竞争中脱颖而出。这为其他企业在制定和执行商业战略时提供了宝贵的借鉴。而任正非在商业决策中展现的果决与魄力，使他能够在复杂多变的商业环境中稳健前行。他勇于探索未知，勇于冒险并承担风险，这种胆识和决断力成为他带领华为走向成功、迈向世界的关键因素。

在商业世界中，常识为我们提供了稳固的基础，使我们能够理性地分析和判断市场情况；见识则赋予我们独特的视角和深刻的洞察力，以捕捉那些被忽视的商业机会；胆识则激励我们在关键时刻勇于冒险，敢于做出重大决策，从而引领企业走向新的高度；而共识，则是团队协作的基石，它确保了我们能够团结各方力量，共同朝着一个目标努力前进。

对于投资人而言，他们深知这些品质的重要性，因此在寻找投资项目时，会特别关注创业团队是否具备这些智识。

布局的能力：识局、谋局、布局、造局、破局、控局

在纷繁复杂的商业环境中，一个成功的领导者不仅需要具备深厚的专业知识和敏锐的市场洞察力，更需要有一种高瞻远瞩的布局能力。布局能力，简而言之，就是根据企业战略目标和市场环境，合理地规划、配置和调整企业资源，以构建具有竞争优势的商业版图。这种能力对于企业的长远发展至关重要，它决定了企业能否在激烈的市场竞争中脱颖而出，实现持续稳健的增长。

高瞻远瞩方能统揽全局

在当今商业环境中，价格战、渠道争夺、促销活动、资本投入比拼、品牌排名竞赛以及观点交锋等各种商战层出不穷。对于企业家而言，要想在激烈的市场竞争中立足、发展，乃至领先，就必须具备一套完整的战略布局能力：从洞察市场格局，到策划战略，再到实施布局，以及执行策略、破解困局，最后到掌控全局，详见图2-2所示。

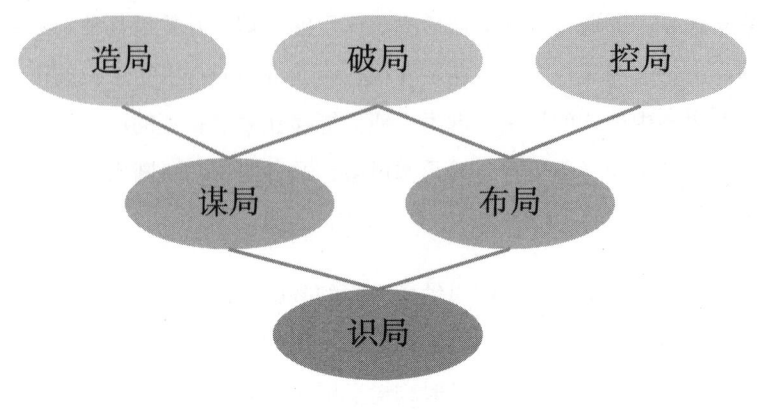

图 2-2　布局的能力

1. 识局

简单来说，所谓识局，就是洞察市场格局，指商业人士应具备深入剖析市场动态、准确把握市场趋势，并从中敏锐捕捉商机的能力。商业活动的核心并不只是简单地生产和销售产品，更重要的是识别出哪些产品具有最佳市场前景，哪些产品与自身业务模式最为契合，以及哪些产品最有可能引领未来市场潮流。换言之，就是要发掘那些能够促进企业持续发展的市场机遇。

以加多宝为例，该公司通过对可乐、茶饮料、果汁、饮用水以及咖啡等各类饮料市场的细致分析，发现这些饮品均未涉及"预防上火"这一功能点。市场上的饮料产品尚未有主打"祛火"功效的品牌。基于此洞察，加多宝推出了"怕上火，喝加多宝"的营销策略，从而迅速占领市场，取得了显著的成功。这一案例充分展示了洞察市场格局对于企业把握先机、实现突破的重要性。

2. 谋局

在商业竞争中，谋局是指企业家应熟练掌握营销策划的技巧，成为策划的佼佼者。任何企业的资源都是有限的，若企业家仅局限于利用本公司现有资源去开拓市场，特别是对于中小型企业来说，可能会因为资源不足而缺乏市场开发的信心，难以实现市场的有效拓展。因此，企业家必须精于谋局。

互联网时代的显著特点是大量资源可以免费获取和使用。企业家应灵活利用这些免费资源，服务于企业的发展，即秉承"不求所有，但求所用"的原则。善于谋局的企业家，能够在自身资源有限的情况下，巧妙借助外部或免费的资源，实现资源的最大化利用，从而推动企业规模的扩大。

例如，企业家都深知热点营销的重要性。因此，他们需要时刻关注热点动态，及时发现、制造并参与其中，利用热点事件的影响力，达到"四两拨千斤"的效果，以较小的投入实现较大的市场影响。这种策略性的资源整合和利用，正是谋局的核心所在。

3. 布局

在商业领域，布局指的是企业家需对整体业务进行全面的规划和策略安排。由于企业资源有限，因此，缺乏全面规划的企业容易偏离核心业务，难以做强做大。

以产品规划为例，企业家必须明确主营产品，因为主营产品是构建消费者信任和企业竞争优势的基础。若缺乏清晰的主营产品定位，消费者将难以认同企业的核心技术和市场竞争力，从而降低购买意愿。例如，格力空调因其卓越的品质和"好空调不需要售后服务"的承诺而广受消费者信赖，销量自然有保障。然而，当格力尝试进入手机市场时，尽管董明珠曾公开表示对格力手机的信心，但消费者仍不买账。这是因为消费者不认为格力具备手机领域的核心技术。

此外，宣传推广也是企业布局中不可或缺的一环。宣传推广并非仅在销量不佳时才需进行，也并非只有大公司才能承担。宣传推广应是一项有计划、持续性的活动，而非随心所欲的临时举措。

在销售布局方面，企业家需考虑是直销还是通过分销商销售，销售平台是线下还是线上，招募何种类型的分销商，以及是采用传统分销模式还是全民销售等新兴模式。这些问题都需要企业家进行精心规划和布局，以确保企业能够高效、稳定地发展。

4. 造局

在商业竞争中，造局是指企业家如何通过精心策划的营销活动，吸引并推动消费者购买自己的产品。这要求企业家必须熟练掌握诱导营销的技巧，通过精心引导和激发消费者的购买欲望，使他们从不感兴趣转变为积极购买。

为了实现这一目标，企业家需要做好造局营销。首先，要深入挖掘产品的独特卖点，用这些卖点来吸引消费者的注意力和好感。畅销产品通常都具备引人注目的卖点，缺乏独特卖点的产品很难激发消费者的购买欲望。同时，简单地模仿或抄袭他人的卖点也是不可取的，这样做很难真正打动消费者。

在当今的互联网时代，种草营销成为一种流行的营销策略。企业家可以通过发布大量的软文、图片和视频等内容，营造出市场热销、消费者喜爱的产品氛围，从而吸引更多消费者购买。这种营销方式能够有效地提高品牌知名度和美誉度，进一步推动产品的销售。

总之，造局是企业家必须掌握的一项关键技能。通过深入挖掘产品卖点、运用诱导营销和借助互联网营销手段等方式，企业家可以巧妙地造局，激发消费者的购买欲望，从而推动企业的持续发展。

5. 破局

当企业家的业务遭遇市场瓶颈，或是受到竞争对手的冲击导致销量下滑，抑或是在一个行业格局已定的市场中新创企业时，便需要运用破局策略来突破市场限制，迅速抢占市场份额。

以当前激烈的价格战为例，中小企业往往陷入两难境地：参与价格战可能导致利润严重缩水，甚至危及企业生存；而不参与则可能失去市场份额。面对这种情况，企业家应采取破局营销策略。为避免陷入价格战泥潭，企业家可以选择差异化市场营销，通过打造独具特色的产品和突出产品优势，让消费者难以将本企业产品与竞争对手的产品进行直接比较。这样，企业既能规避价格战的风险，又能赢得消费者的青睐。

当企业面临销量瓶颈时，也需灵活调整营销策略。传统的市场方法和经验可能已不再奏效，此时可以考虑实施产品破局策略。如今流行的跨界营销便是一种有效的破局手段。例如，李宁品牌通过融入国货元素，成功实现了销售突围，重现品牌光辉。同样，众多化妆品品牌也借助跨界营销，特别是结合国货元素，取得了销售的重大突破。这背后反映出的是随着中国国力的增强、国际地位的提升以及生产技术的成熟，消费者越来越倾向于选择中国品牌，而企业家也应敏锐捕捉这一市场变化，通过智慧破局来抢占先机。

6.控局

许多企业在营销上取得巨大成功，但也可能因营销失控而走向衰败。这通常是因为他们只掌握了营销的皮毛，没有深入理解其本质，导致无法有效控制营销活动。营销确实可以推动企业快速发展，但如果不加以妥善控制，同样可能给企业带来灾难。

广告界有句名言："企业投放广告如同舞女穿上了红舞鞋，须一直跳下去直至力竭。"这形象地说明了广告宣传的投入可能是一个无底洞。若企业不加以控制，很容易陷入"成也广告，败也广告"的境地。

如今，许多企业倾向于借助明星、达人、网红以及开直通车、竞价排名等方式进行市场推广，这些都是高成本的营销行为，必须谨慎使用。考虑到互联网提供了众多媒体和低成本营销策略，企业应更多地利用这些资源，通过低成本营销来开拓市场，实现销量的稳步提升。这样做不仅能有效控制营销成本，还能确保企业在激烈的市场竞争中保持稳健的发展态势。

如此看来，成功的企业家不仅需要具备出色的商业头脑，更要有全面的战略布局能力。从识局洞察市场先机，到谋局巧妙借用资源，再到布局全面规划发展，接着是造局激发消费欲望，破局抢占市场份额，最后是控局确保稳健发展，这一系列能力构成了企业家在商海中乘风破浪的必备素养。

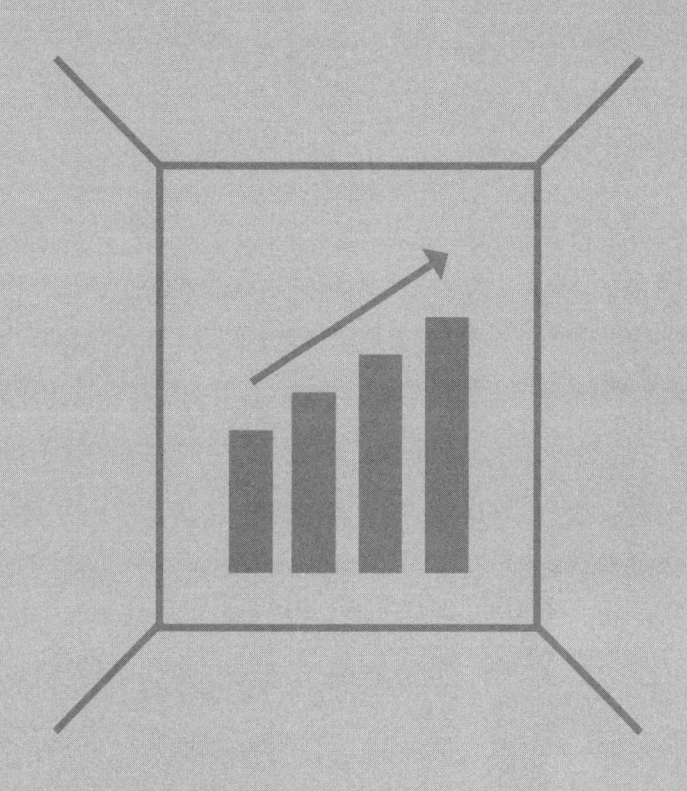

03

是否在风口：
顺势而为是打开投资人心门的"兴奋剂"

站在时代的十字路口，我们不禁要问：那些被吹捧得神乎其神的风口，究竟是引领我们飞向梦想的翅膀，还是诱人坠入深渊的幻象？风口真相，是否真能在云开雾散之后，显现出它的真章？

顺势而为，青云直上，这不仅仅是投资者口中的一句空话，更是无数成功案例背后的真实写照。但如何才能真正做到顺势？是盲目跟风，还是冷静分析？在风起云涌的市场中，我们需要的是一双慧眼，去辨别那些真正值得投入的风口，而非被一时的热潮所蒙蔽。

多维度洞察行业，这是我们把握风口的金钥匙。一个行业的兴衰，往往不是由单一因素决定的。政策导向、市场需求、技术进步、竞争格局……这些因素都如同错综复杂的线索，交织在一起，影响着行业的走向。只有当我们从多个角度进行深入剖析，才能准确地把握行业的脉搏，从而在风口来临之际，做出明智的决策。

然而，在红海中竞逐的我们，是否也应该为未来拥抱蓝海做好准备？红海市场虽然竞争激烈，但只要我们能够不断创新，寻找差异化的竞争优势，同样能够脱颖而出。而蓝海市场，则更是我们梦寐以求的宝藏。那里有着未被发掘的机遇，有着广阔的发展空间。但如何才能找到这片蓝海？这就需要我们具备敏锐的市场洞察力，以及敢于冒险的勇气。

当然，我们也不能忽视那些打鸡血、忽悠人的现象。在投资领域，这样的例子屡见不鲜。一些看似光鲜亮丽的项目，背后却隐藏着巨大的风险。如果我们被表面的繁荣所迷惑，盲目投入，很可能会陷入死胡同，无法自拔。因此，在追求风口的同时，我们更要保持清醒的头脑，理性地分析项目的可行性和风险性，远离那些虚无缥缈的幻影，把握住实实在在的机遇。

风口真相：云开雾散见真章

每一位创业者在创业之初都怀揣着借力风口、一飞冲天的憧憬。他们认为，捕捉到风口，就相当于握住了通往成功的金钥匙，它有潜力将一个看似普通的创业项目"吹"向巅峰，助力创业者实现他们的远大梦想。

我们所说的创业风口，究竟是什么呢，它真的有那么大的威力吗？

深入探讨风口的本质，我们可以理解为：在商业领域内，那些由特定行业或领域发展趋势所形成的机遇窗口。这种趋势具有强大的影响力，能够孕育出无数的商机。值得注意的是，风口并非静止不变，它可能因新技术的涌现、社会动态的变化或消费者需求的演进而不断转换。那些杰出的创业者，正是凭借着敏锐的洞察力和快速的应变能力，才能在这些趋势中捕捉到宝贵的机遇。

风口是一个动态的概念

具体来说，"风口"在商业和投资领域中通常指的是一个特定的市场或行业在某段时间内出现的快速增长和变革的现象。这种现象往往伴随着大量的商机和投资机会，因此被视为投资者和企业家的理想进入时机。

我们可以从以下几个方面来理解"风口"（详见表3-1）。

表 3-1 理解"风口"的几个方面

理解"风口"的几个方面	
市场需求的激增	当某个行业或领域的产品或服务需求突然大幅增加,而市场上的供应量尚未跟上时,就形成了一个"风口"。例如,随着智能手机的普及,移动互联网行业迎来了一个风口期,各种 APP 和互联网服务如雨后春笋般涌现
技术创新的推动	当某项新技术或创新产品出现时,如果能够引领行业变革并满足市场需求,那么这项技术或产品所在的领域就可能成为下一个"风口"。比如,人工智能、区块链等技术的兴起,都带来了新的投资机会和创业热潮
政策环境的支持	政府的政策扶持和导向也会对"风口"的形成产生影响。例如,新能源汽车行业的快速发展,就得益于政府对环保和可持续发展的重视以及相关政策的推动
社会文化的变迁	随着人们生活方式的改变和社会文化的演进,一些新兴行业也可能会成为"风口",比如,随着健康意识的提高,健康食品、健身行业等逐渐受到人们的关注

"风口"是一个动态的概念,它随着市场环境、技术创新、政策导向以及社会文化等多个因素的变化而不断变化。

成功的创业项目往往受到多种因素(风向)的影响,我们可以简单概括为时间和空间因素。这两者共同构成了创业项目的成长土壤,决定了项目能否在激烈的市场竞争中脱颖而出。

1. 时间因素

在创业领域,领先市场半步往往是最理想的状态。过度领先市场可能导致上下游生态链尚未稳定,上游生产力无法满足发展需求,而下游消费者也尚未形成稳定的消费观念,这反而可能阻碍项目的进展。因此,创业者需要精准把握市场节奏,既不过于超前,也不落后于时代。

2. 空间因素

创业项目的成功还离不开广阔的市场空间。一个优秀的项目不仅需要吸引足够的消费群体来支撑其发展,还需要具备可持续的商业模式。这意味着项目的边际成本应逐渐降低,从而增加利润并减轻业务压力。当市场上出现竞争对手时,一个稳健的项目应能够从容应对,保持自身的竞争优势,避免市场陷入恶性竞争的红海状态。

一个成功的创业项目不仅要紧跟行业趋势，站在风口之上，还需在良好的发展环境中逐步成长。通过不断开发市场、融入市场、拓展市场，项目能够逐渐壮大，形成自身独特的品牌调性，最终成为引领时代的行业翘楚。

对于投资者和企业家来说，敏锐地捕捉并利用好"风口"带来的机遇，是取得成功的重要因素之一。

那么，如何才能精准把握创业的风口？作为过来人，我给大家的几点建议是：

第一，市场洞察与调研。创业者应时刻关注市场动态，通过深入的市场调研和分析，探寻潜在的商业机会。这要求创业者对新兴技术、行业发展趋势以及消费者需求有深刻的理解。

第二，快速响应市场变化。一旦发现新的市场趋势或商业机遇，创业者需要迅速作出反应。这可能涉及调整业务策略、推出创新产品或服务，以及积极进军新兴市场，以保持竞争优势。

第三，跨界合作与思维碰撞。创业者可以通过与其他行业的企业进行合作，共同探索并开创全新的商业模式。跨界合作往往能激发出独特的创新思维，为创业者带来意想不到的商业机会。

第四，发挥并强化自身优势。创业者应清晰认识自身的核心竞争力，并将其与新兴的商业机会相结合，从而在激烈的市场竞争中脱颖而出。

第五，不断学习，与时俱进。创业者必须保持持续学习的态度，紧跟行业发展的最新动态。通过不断掌握新技术和趋势，提升自身的专业素养和综合能力，为抓住下一个风口做好充分准备。

下面让我们来看看那些赢在了风口上的成功的创业案例（详见表3-2）。

表 3-2　赢在"风口"的企业代表

赢在"风口"的成功案例	
滴滴出行	这家企业凭借移动互联网技术，为用户提供了便捷的打车服务，迅速崛起为中国交通行业的重要力量，并在全球范围内崭露头角
大众点评	作为中国顶尖的本地生活服务平台，其业务涵盖外卖、餐饮、酒店、旅游及电影票务等多个领域，以创新和多元化的业务模式领跑中国互联网市场
小红书	该平台通过用户分享购物心得和生活方式，成功吸引了大批年轻用户，打造了一个充满活力的社交购物平台
字节跳动	这家全球化的科技巨头旗下拥有某音、某日头条等知名产品，利用智能算法为用户精准推荐内容，在内容分发领域大放异彩

近年来，新能源产业迎来了前所未有的发展机遇。然而，风口之下，真相究竟如何？我们需要理性审视这一领域的机遇与挑战。

一谈到新能源大家都会马上想到新能源汽车，但新能源汽车其实只是新能源板块里的一个细分赛道。而近几年，新能源汽车厮杀，远比我们想象的更惨烈。

价格战的持续，让这个行业面临着利润率的挑战。大企业尚有盈利空间，因此价格战似乎永无止境。国内新能源汽车品牌虽然抓住了这一波风口，但能否笑到最后，仍然是个未知数。根据美国咨询公司艾睿铂的预测，到 2030 年，现有的 137 个电动汽车品牌中，仅有 19 个能实现盈利，这意味着 80% 以上的品牌将面临淘汰。

在这场价格战中，传统豪华汽车品牌如宝马、奔驰和奥迪率先退出，因为它们发现牺牲品牌价值也换不来销量的增长。而新能源汽车品牌则不得不继续价格战，以抢占市场份额。这种高度内卷的竞争模式，已经导致一些汽车厂商退出市场。

然而，即便是在这样的竞争环境下，仍有企业能够脱颖而出。比亚迪作为国内新能源汽车的佼佼者，不仅在国内市场取得了耀眼的成绩，还积极拓展海外市场，以规避关税壁垒，抢占当地市场。比亚迪的成功，得益于其强大的利润能力和市场洞察力。

然而，风口的机遇并非易得。汽车作为重工业产业，其竞争和利润都与宏观经济和普通人的就业收入息息相关。当汽车企业开始追求市场份额而非利润时，身处汽车行业的人们将不可避免地面临收入考验。2023年，超过四成的汽车经销商亏损，超过1620家汽车4S店关停退网，这足以说明价格战的残酷性。

在新能源产业的风口之下，我们需要理性看待机遇与挑战。一方面，这个领域确实存在着巨大的发展机遇；另一方面，我们也必须认识到竞争的激烈性和市场的残酷性。只有那些具备强大实力、敏锐洞察力和创新精神的企业，才能在这场竞争中脱颖而出，成为真正的赢家。

风口，是市场中的一股热潮，是时代赋予的机遇，是创业者实现梦想的跳板。对于投资人而言，他们深知风口的重要性，因此，在寻找投资项目时，他们会格外关注项目是否处于当前的风口之中。在风口的推动下，项目能够更容易地获得市场的关注和认可，从而实现快速的增长和扩张。因此，创业者们要时刻保持开放的思维，敏锐捕捉市场的脉动，寻找并抓住属于自己的风口。而投资人则会在这个过程中，与创业者携手共进，乘风破浪，共同在风口中书写成功的篇章，共同创造商业价值。

需要注意的是，对于投资者和创业者来说，追逐风口并非盲目跟风，而是需要在理性分析的基础上，做出明智的决策，找到真正属于自己的机遇。

真正的飞翔：顺势而为

雷军有一句名言，"站在风口上，猪都能飞起来"。可后来也有人说，一旦风过去了，飞起来的猪也会重重摔在地上，甚至摔得更惨。而作为人大代表的雷军，后来也曾公开对创业者提出了三个建议："第一是顺势而为，第二是洞察用户需求，第三是打造一个强大的团队。"可见，想要乘上时代的"东风"一飞冲天，首先要顺势而为，这个"势"便是与我们生活息息相关的当下的政策之"风"。

脱离了政策的风口只剩泡沫

没有政策支持，所谓的"风口"不过是昙花一现的泡沫。真正处于风口的优质项目，通常都得到了政策的扶持，这也是投资者在选择项目时重要的考量因素。

例如，在新一轮的产业变革和金融开放的背景下，"产业＋金融"的复合型发展模式正迎来前所未有的时代机遇，产融结合正在成为引领经济发展和经济转型的新动力。

由于实体经济的周期性特征，以及金融机构顺周期性运行的特点，在传统实体与金融分业经营的模式下，金融服务的供需双方存在着信息不对称和市场地位不对等的问题。这导致了企业面临高昂的风险溢价和成本，难以从金融市场中获得资金。而"产融结合"是企业打破行业界限、提升经营效率和业绩、实现跨越式发展的重要途径。当产业资本发展到一定阶段，追求经营多元化、资本虚拟化成为必然趋势，这也是世界各国产业资本发展的共同规律。通过产融结合，企业可以更好地配置资源，提升资本运营效率，从而在激烈的市场竞争中脱颖而出。

回到现实，在项目的初创阶段，尤其是当项目还在筹备中，没有实体企业作为支撑，各项手续也尚未完善时，融资的难度可谓是极高的。正规的投资机构对于每一笔投资都会进行严格的审查与评估，对于项目的各项数据和信息都要求精确无误。在互联网创业的热潮中，尽管新的创业项目层出不穷，但投资人依然保持着审慎的态度，尤其是对于刚刚起步的项目，其数据的真实性和可靠性往往受到质疑。

为了增强项目的吸引力，创业者都渴望能够获得当前国家政策或当地政策的扶持。在当前国家积极推动移动互联网经济发展的背景下，政策的支持无疑为项目的发展提供了强大的助力。

那么，如何才能够为自己争取到政策支持呢？

政府既不是慈善家，更不是创业者的"娘家人"，没有义务白白掏钱给你。政府部门在选择支持项目时，有着明确的标准和期望。因此，创业者需要明确自己的项目与政策的契合点，以及如何利用这些契合点来争取支持。

如果你的项目刚好符合政策的方向，并有机会与政府部门进行沟通，以下是一些建议：

1. 展示创新点

政府部门往往对具有创新性和前瞻性的项目更感兴趣。因此，创业者需要清晰地阐述项目的创新之处，以及其对行业和社会可能产生的影响。

2. 建立有效的社交网络

通过与行业内的专家学者、企业家等建立联系，可以为你的项目赢得更多的推荐和支持。他们的权威性和影响力，有助于提升项目在政府部门眼中的价值。

3. 抓住展示机会

在各种展会、论坛等活动中，创业者应积极寻找与政府部门沟通的机会。通过这些场合的展示和交流，不仅可以让政府部门更直观地了解项目，还可以为双方建立更深入的合作关系奠定基础。

对于政府部门而言，其提供的扶持资金只是引导资金，真正的目的是搭建一个能够吸引更多有潜力和实力的企业参与的平台。而对于创业者来说，如何利用好这个平台，充分展示自己的项目优势，让政府部门看到实效和成果，是争取政策支持并与之建立长期合作关系的关键。

在时代的风口上，每一个怀揣梦想的创业者都怀揣着成为那只"飞起来的猪"的壮志。但飞翔不仅仅需要风的力量，更需要创业者敏锐的洞察力，看看这风究竟是推动前行的顺风，还是可能让人偏离航向甚至倒退的顶风。

成功的创业者，他们不仅懂得如何借力时代的大潮，更能在风起云涌中保持清醒的头脑，审时度势，灵活调整策略。他们深谙，真正的飞翔源于对市场的深刻理解、对趋势的精准把握，以及不断创新、勇于突破自我的决心。在顺风中加速前行，在顶风时坚韧不拔，甚至巧妙利用逆风锻炼羽翼，使自己在每一次挑战中变得更加坚强和成熟。

多维度洞察行业，把握风口不蛮干

时代如潮水，要么驾驭潮头，要么被潮水冲走，没有第三条路可走。

例如，近几年比较火的新零售，已成为引领时代的潮流，企业若想不被淘汰，就必须敏锐捕捉这一时代脉搏，并勇于迎接挑战。

想要深度洞察一个行业，可以主要从以下两个方面着手分析，详见图3-1所示。

```
行业集中度与景气度分析 ──► 评估市场容量
                      ──► 判断行业领先地位的可能性

产业分析：稀缺性是关键 ──► 衣食住行
                      ──► 吃喝玩乐
                      ──► 文体美游
                      ──► 教养洗宠
                      ──► 健味休服
```

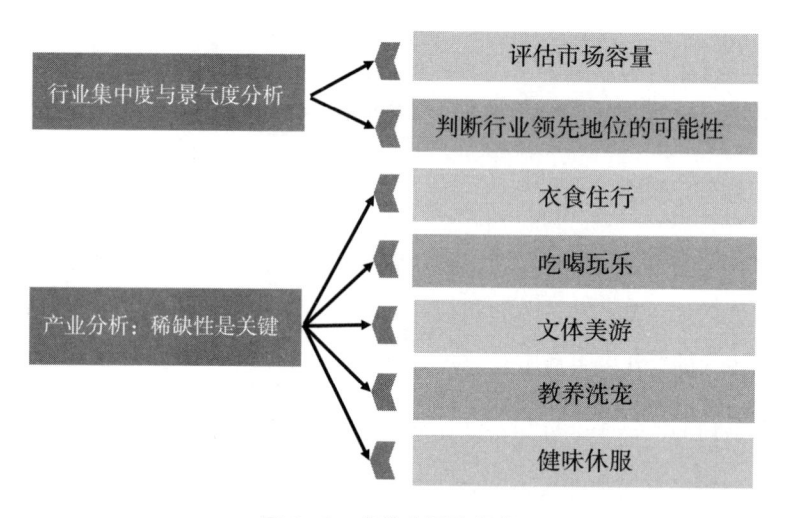

图 3-1　多维度洞察行业

1. 行业集中度与景气度分析

对于投资者或创业者而言，洞察行业趋势至关重要。判断一个项目的潜力，首先要考察其所在行业的集中度和景气度。只有准确把握了"势"，即使项目存在些许瑕疵，也仍有改进和提升的空间。若行业整体呈现下滑态势，那么再多的投资也难以扭转局面。

在纷繁复杂的行业变化中，如何做出明智的判断？作为投资者，我通常会考虑以下两个核心因素：

（1）评估市场容量

一个项目若在3～5年内能够触及500亿元的市场规模，才有可能在行业中脱颖而出。若项目成长缓慢且市场空间有限，那么其未来的发展潜力也会大打折扣。当然，如果国内市场受限，能够成功开拓海外市场并塑造强势品牌，同样显示出巨大的潜力。

（2）判断行业领先地位的可能性

我倾向于选择那些处于朝阳产业或顺应经济大势的行业。无论在哪个行业，领军企业都拥有举足轻重的影响力，尤其是在互联网行业，赢家往往能通吃整个市场。因此，我会通过与创业者深入交流、调研国内外市场，来判断企业在行业中的潜在排名及所需时间。

我更看重项目在行业中的灵活性和调整空间。这样，一旦未来方向有所调整，企业能够及时应对，避免在环境发生剧变时陷入绝境。

2. 产业分析：稀缺性是关键

在当前的市场环境下，各行业的存量市场并没有我们想象的那么庞大。因此，在投资时，我会特别关注两点：一是品牌（项目）在行业内的增长速度；二是品牌（项目）在其产业或相关产业中的稀缺性。稀缺性赋予品牌议价能力，使其能够以更高的价格出售。以橄榄球为例，与篮球和足球相比，其稀缺性更强，这也为投资者在选择赛道时提供了一个基本的判断依据。

今天我们正处在一个大消费行业，这个大消费行业可以概括为二十字方针，涵盖了人们日常生活中的各个方面。

（1）衣食住行

"衣"代表服装鞋帽行业，包括各种品牌、风格的服饰以及相关的配饰市场。

"食"指的是食品饮料行业，随着健康意识的提高，有机、天然、功能性食品受到越来越多消费者的青睐。

"住"关联的是家居用品行业，包括家具、家纺、厨卫用品等，人们追求更加环保、舒适和多样化的家居产品。

"行"则与汽车交通、旅游酒店等相关，随着生活品质的提高，人们对出行方式和旅游体验的要求也在不断提升。

（2）吃喝玩乐

"吃"不仅指日常饮食，还包括预制菜、外卖、特色餐饮等更加多元化的饮食选择。

"喝"涉及酒水、茶饮、咖啡等相关饮品市场，健康茶饮和精酿啤酒等品类增长迅速。

"玩"代表娱乐休闲活动，如电影、游戏、KTV等，这些活动已成为人们日常生活的重要组成部分。

"乐"则体现在各种文化娱乐活动中，如音乐节、艺术展览等，为人们提供精神享受。

（3）文体美游

"文"指的是文化教育领域，包括图书、培训、在线教育等。

"体"代表体育健身行业，健康意识的提升使得体育用品和健身服务市场蓬勃发展。

"美"关联美容美发、整形医美等行业，人们对个人形象的关注度不断提高。

"游"则是旅游行业的简称，随着人们生活品质的提高和旅游观念的改变，旅游业持续繁荣。

（4）教养洗宠

"教"指的是教育培训市场，涵盖从幼儿教育到成人教育的各个阶段。

"养"代表养生保健行业，包括健康食品、保健品、养老服务等。

"洗"指的是洗车、洗衣等相关服务行业，随着生活节奏的加快，这些便捷服务越来越受到人们的欢迎。

"宠"则是宠物经济的相关产业，包括宠物食品、用品、医疗等服务，近年来呈现出快速增长的趋势。

（5）健味休服

"健"代表健康产业，包括健康食品、医疗器械、健康咨询等。

"味"指的是调味品及相关的食品加工行业，随着人们对美食的追求，这一市场也在不断扩大。

"休"是休闲娱乐产业的简称，如电影院、游乐园、主题公园等提供的休闲娱乐服务。

"服"则涵盖了各种服务行业，如家政服务、母婴护理、美容美发等，这些行业为人们提供了便捷的生活服务。

择创业风口项目是一个多方面的考量过程

选择创业风口项目是一个涉及多方面的考量过程，需要细致地分析市场需求、行业竞争态势、技术演进趋势以及政策环境等诸多因素（详见表3-3）。

表3-3 多维度洞察"风口"

多维度洞察"风口"	
洞察行业动向	密切关注当前市场和行业的发展动态，特别要留意新兴领域和技术革新，以便及时捕捉未来的市场机遇和商业增长点。您可以通过阅读权威的行业分析报告、参与专业研讨会或论坛，以及与业内专家进行交流来获取信息
深挖市场需求	通过深入的市场调研来了解消费者的核心需求和未被满足的期望，寻找市场中的空白点和可以实施差异化竞争的机会。利用市场调研、用户访谈和大数据分析等手段，可以帮助您更准确地把握市场需求，并发现潜在的创业切入点
技术可行性分析	在选定项目之前，务必评估相关技术的成熟度和实用性，以及技术对项目发展的推动作用。同时，要考虑到技术的更新速度和您的团队是否有足够的技术资源和人才来支持项目的持续发展

续表

多维度洞察"风口"	
审视政策环境	了解国家政策和相关法规对创业项目可能产生的影响，判断是否有政策支持或限制，并确保项目的合规性。同时，要关注国际政治经济形势的变化，以便及时调整项目策略来应对潜在的外部风险
分析竞争格局	深入研究竞争对手的优势和劣势，评估您的项目在市场中的竞争力和独特卖点。同时，要警惕行业内的领先企业，分析他们的战略动向，以便为您的项目找到合适的定位和发展空间
强化团队建设	一个优秀的团队是创业成功的关键。在选择创业项目时，要评估您的团队是否具备实现项目目标所需的专业技能和经验。同时，要考虑如何吸引并留住顶尖人才，以确保项目的长远发展

选择创业风口项目需要全面考虑市场需求、竞争态势、技术发展以及政策环境等多个维度。通过深入的市场分析和项目评估，我们可以更有把握地找到那些具有巨大潜力的创业机会，从而增加创业成功的可能性。

在红海中竞逐，在未来拥抱蓝海

2024年，随着全球经济增速放缓和经济格局的分化，各行各业都将面临前所未有的挑战。然而，这也为新兴技术和消费趋势提供了改变传统企业运营模式的契机。

回望过去二十多年，从电商的崛起、互联网的普及，到短视频的流行和人工智能的迅猛发展，每一次技术革新都孕育了无数的创业英雄，并深刻改变了普通人的命运。那么，在未来的五年里，我们该如何敏锐捕捉并抓住这些机遇呢？

捕捉未来风口，在变革的浪潮中乘风破浪

在这个日新月异的时代，洞察行业发展趋势成了成功的关键。历史上无数成功者的共同之处，便是在于他们敏锐地抓住了时代的机遇，从而实现了人生的逆袭。

展望未来十年，对于普通人而言，能够抓住一两个风口行业，我们一再强调，风口是动态的、变化的，我的建议是以3-5年为周期去分析和洞察，再随时做动态调整。下面我们对未来几年的热门行业做一个简要分析，供创业者参考。

1. 老年经济：银发市场的无限商机

随着我国人口老龄化趋势的加剧，老年经济正逐渐崭露头角，展现出巨大的市场潜力。目前我国60岁以上的老年人已超过2.9亿，预计到2035年，这一数字将突破4亿。面对如此庞大的潜在市场，如何精准创造并满足老年群体的多元化需求，将成为推动老年经济发展的关键。

从现有的市场实践来看，养老院、家政服务、居家保姆等服务模式已经开始起步，但整体市场尚处于初级阶段，规模有待进一步扩大。这为有远见的创业者提供了难得的入局机会，未来十年内，有望成为行业的佼佼者。当然，需要注意的是，部分细分行业可能需要特定的经营许可。

除了上述服务领域外，老年健康、老年关爱和老年旅游等领域也展现出了良好的发展前景。随着我国老龄化社会的加速到来，养老行业将逐渐成为新的市场热点，涵盖养老院、居家养老、养老地产以及老年用品等多个细分领域。

2. 数字经济：数据驱动的未来风口

数字经济是以数字技术为核心的经济形态，包括网购、移动支付、大数据分析等应用领域。尽管这一领域已经发展了相当长一段时间，但近年来又呈现出新的发展趋势和商机。

2023年3月，国家数据局的成立标志着国家层面对数据市场的重视达到了新的高度。随后的一年里，政府陆续发布了多项关于数据要素和数据资产的政策文件，并成立了上海数据交易所，预示着未来数据将像股票一样可以进行交易买卖。这一新兴市场的规模预计将达到惊人的2000亿左右，无疑将为投资者和创业者提供新的风口机会。

3. 内容经济：创意的无限可能

内容经济，这一以内容为核心的经济模式，早已悄然兴起，且其势头强劲，长期看好。从文字到图文，从视频到音频，甚至是虚拟世界的元宇宙内容，都属于这个充满活力的领域。

在这一波内容经济的浪潮中，作家、画家、动画设计师、短视频创作者和编导等职业成了香饽饽。然而，随着互联网的蓬勃发展，内容同质化与抄袭现象也日益严重。因此，未来优质、原创的内容将愈发显得珍贵。

值得一提的是，自媒体行业作为内容经济的一个重要分支，正借助于互联网的普及和传播技术的进步而蓬勃发展。个人和机构现在能够以更低的成本进入传播领域，而不断增长的信息消费需求也为自媒体行业带来了巨大的市场空间。

4. 单身经济："一个人"的巨大商机

单身经济，这个被戏称为"一个人的经济"的新兴领域，正逐渐显露出其巨大的市场潜力。与一个人生活的方方面面相关的产品和服务，都成了单身经济的范畴。

研究显示，现代单身人群对生活质量有着极高的追求，并且具备较强的消费能力。这为市场提供了丰富的商机，如红娘服务、婚介所、单身公寓、单身套餐、单人份餐饮以及单人旅行套餐等。

近年来，外卖平台上"小份食品"的兴起，正是单身经济趋势的一个缩影。同时，开设婚介所也成为一个值得关注的创业方向。这一行业除了初期的固定成本投入和信息搜集发布外，后续的边际成本几乎为零。而相应的客单价却可能高达几千甚至几万，利润空间极大，有望在未来的市场竞争中占据一席之地。

5. AI 经济与元宇宙：新时代的科技浪潮

人工智能（AI）技术正深刻改变着我们的生活方式和工作模式。从自动驾驶到智能家居，从金融分析到医疗健康，AI 的应用领域日益广泛，展现出巨大的发展潜力。AI 行业之所以能够成为风口，不仅因为其高技术门槛构建了行业竞争壁垄，更因为 AI 技术在各行各业的深度融合与创新应用，为市场增长开辟了新的空间。

说到人工智能，就不得不提到近两年较为火爆的元宇宙，这个融合了虚拟现实与现实世界的新型社会生态，正逐渐成为科技发展的新焦点。在元宇宙中，人们可以享受沉浸式的虚拟社交、游戏体验，参与创新的电商活动，甚至接受全新的教育模式。元宇宙之所以成为风口，是因为它提供了一种前所未有的生活方式和互动体验。同时，全球科技巨头的积极布局和投资，也为元宇宙的快速发展注入了强大动力。

面对 AI 经济，我们应积极关注产业链的发展动态，学习并掌握相关技术。对于有条件的创业者来说，深入这些领域进行创新创业，可能是一个不错的选择。

在行业洞察与升级的过程中，我们不仅需要敏锐的洞察力和前瞻性的战略眼光，更需要冷静的判断和科学的决策。风口虽好，但并非人人都能驾驭。把握风口，不是盲目跟风，更不是蛮干。我们要在充分了解行业趋势的基础上，把握风口，不蛮干，结合自身的实际情况，制定出切实可行的发展策略。

打鸡血、忽悠人，好项目也会进死胡同

近年来，所谓的"风口项目"层出不穷，每一个都似乎蕴含着无限的商机与前景。然而，即便站在风口之上，也并非所有的项目都能一帆风顺地飞翔。很多创业者常常沉迷于战略理论与营销定位的探讨，却忽视了项目落地的关键性。

战略虽好，若无法转化为实际的行动力，再美好的蓝图也只能是空中楼阁。项目的真正价值，不仅在于其创新性和市场前景，更在于能否从理论走向实践，从策划转化为成果。一个看似完美的项目，如果不能在现实中稳健落地，那么它在投资人眼中或许一文不值。

创业者们在捕捉风口的同时，更要有将项目落地的智慧和能力。

项目缺乏可行性，一切等于零

在投资决策前，投资人总会深入剖析项目的可行性，即项目落地性。这一分析对于预测投资回报至关重要。但面对创业者的项目提案，投资人常会心生疑虑：这个项目真的如描述那般具有潜力吗？它能否从计划变为现实？

1. 项目发展的多种可能性

在评估投资项目时，我曾遇到这样一个实例：

一家企业为了实时掌握各地分支的运营情况和问题解决能力，斥巨资从海外引进了一套先进的自动化业务系统，并聘请外籍专家为员工进行系统操作及故障排除培训。然而，系统投入使用后，反馈却并不理想。员工们抱怨系统操作不便，原本期待的减轻工作负担变成了额外的压力。最终，这套系统被弃之不用，员工们重回旧的工作模式。

项目的发展往往有以下几种走向：

- 顺利完成，赢得客户（或投资人）满意，且预算和时间控制得当，圆满结束；
- 虽然完成并获得了客户认可，但超出了预定的成本和时间框架；
- 项目完成，但因未达到客户期望而被拒绝验收；
- 进度严重滞后，成本超支，项目被迫中止。

项目的成功不仅取决于完美的计划和先进的技术，更在于其实施过程中的可行性和用户的实际接受度。缺乏这些要素，再宏伟的项目也难以落地，最终只会成为一场空谈。

2. 好项目为何无法落地？

尽管在项目启动前已经制定了详尽的计划，且执行过程中始终以此为导向，但实际操作中常常会遇到计划外的挑战和风险。这种情况类似于一艘小船在汹涌的海浪中航行，随时可能遭遇翻船的危险。许多项目依赖项目经理的不懈努力，历经重重困难才得以完成。然而，这种超时、超预算的项目，即便最终完成，也往往只是以"高额成本"换取微不足道的利益，实际收益寥寥无几。更多的项目则因无法应对发展过程中的突发事件而中途夭折。

项目难以实现的原因主要有以下几点：

- 项目规划时未与公司战略相结合，导致项目完成后无法有效支持公司的整体目标。

- 客户需求的变化导致项目计划大幅调整，最终成果难以达到预期效果。

- 外部环境的改变使得原计划的项目产出不再适用。

- 在项目规划阶段未能充分理解客户需求，导致客户对最终成果不满意。

那么，什么样的项目才更容易成功落地呢？我们可以从以下三个维度来评估项目的可实施性：

- 采用速度：项目完成后，人们从开始使用项目成果到全面应用所需的最短时间。

- 最终利用率：项目成果被多少人广泛使用。

- 用户熟练度：项目成果是否真正提升了工作效率。

通过这三个指标，我们可以更全面地了解项目的可实施性和潜在影响，从而做出更明智的决策。经过我们稻蓝投资的深入研究，发现项目成功落地的关键因素包括：

- 项目发起人联盟的目标明确且积极行动；

- 有专业的团队全身心投入项目落地工作；

- 采纳了完善的、结构化的变革管理方法；

- 迅速提升员工参与项目计划的积极性；

- 与客户保持积极沟通，使其尽早认识到项目的价值；

- 成功整合变革管理和项目管理的流程；

- 各部门管理者之间的紧密配合与支持。

此外，我们必须明确什么是真正的项目落地。有些项目方可能会将项目成果与互联网结合，并大肆宣传所谓的"成功落地"，但这仅仅是表面的包装和宣传，与真正的项目落地相去甚远。项目的落地不仅仅是改变其外在形式或进行简单的升级，更重要的是实现其商业价值和服务客户的能力。

一个好的项目，其成果应能被有效利用并为客户带来实际价值。例如，有些项目可能会采用类似传销的模式，但其核心并不是销售产品，而是通过拉人头来获利，这并不符合项目落地的真正含义。一个真正落地的项目，其产品或服务应能够切实满足客户需求，并促使客户愿意为之付费。

一个成功的落地项目，不仅能吸引更多客户，还能激励用户更频繁地使用项目成果，从而提高其活跃度并促进消费。这样的项目既是一种有效的营销工具，又能为项目方带来稳定的利润。但值得注意的是，如果盈利模式无法实现，那么该项目也不能被视为真正落地的项目。

在充满热情和动力的同时，我们必须保持理性和警惕，避免走入"打鸡血、忽悠人"的误区。好项目需要稳健的推进策略、务实的市场分析和科学的管理方法。只有这样，我们才能够确保项目不会误入歧途，不会走进死胡同。每一个成功的项目背后，都是团队成员们冷静的判断、扎实的执行和不懈的坚持。其实无论是创业还是做投资，都是以智慧和汗水浇灌出项目的美好未来，而不是让一时的激情和虚假的宣传毁了一个原本有潜力的项目。

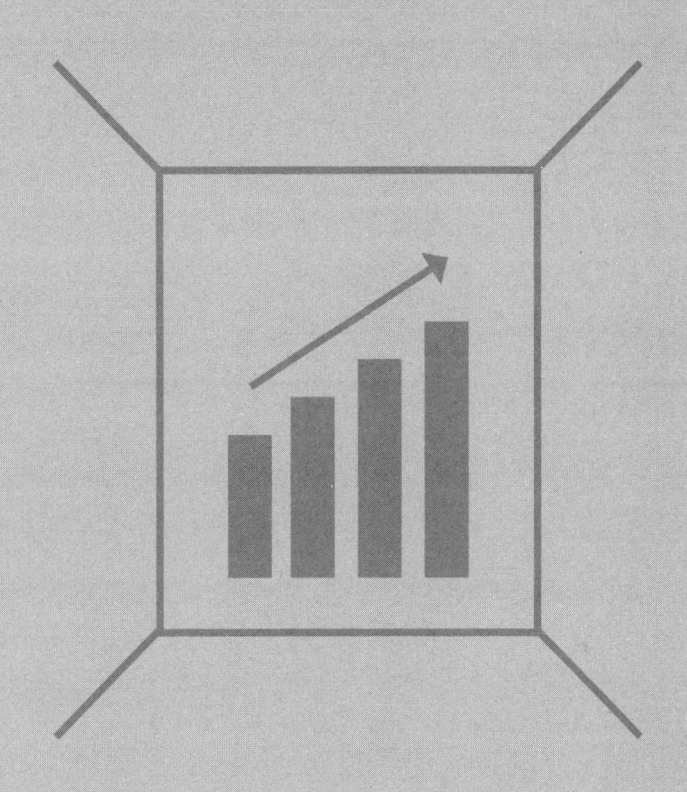

04

拿什么运作：
健康稳定的现金流

在众多项目中，我们不难发现，许多前景看好的项目最终烂尾，往往并非因为业务本身的问题，而是由于资金链的断裂。这就好比一个健康的人突然失血过多，即便身体再强壮，也难以维持生命。因此，稳定的现金流对于项目来说，就如同血液对于人体一样至关重要，它是增强项目发展后劲的关键。

在追求企业成长的过程中，我们必须警惕"生存陷阱"——那种盲目扩张、忽视现金流管理的做法。为了避免这一陷阱，企业应坚持"利润优先"的原则，对不可见的潜在风险保持警惕，不为眼前的短期利益所动摇。

为了实现这一目标，建立一套完善的现金管理系统至关重要。这套系统不仅能帮助我们实时监控企业的现金流状况，还能提供决策支持，确保企业在任何经济环境下都能保持稳健的运营。通过掌握这一命脉，我们将能够引领企业在复杂多变的商业环境中稳步前行，实现可持续的增长。

现金为王，企业更大不等于更强

在商业世界中，存在一个普遍的误解：企业规模越大，就意味着更成功、更强大。然而，现实却告诉我们，"大"并不等同于"强"。为什么我们总是倾向于认为，只有实现超常增长的企业才算得上成功呢？难道更多的营收就真的意味着企业更成功吗？

许多企业主寄希望于通过不断增长来解决问题，他们期待着下一个大订单、大客户或大笔投资能为企业带来转机。但这种做法往往只是将企业推向一个更加庞大的规模，而并未真正增强其内在实力。实际上，随着企业规模的扩大，管理和运营的痛点也会随之增多。

恒大集团的困境就是一个深刻的教训，它让我们意识到现金流对于企业的重要性。现金流是企业运营的血液，是抵御风险、应对挑战的关键。一些互联网企业之所以能够凭借庞大的现金流获得可观的利息收入，正是因为他们深谙现金流管理之道。

那么，这些企业的资金究竟从何而来呢？是高利润带来的积累，还是依靠其他不为人知的营利手段？在商业世界中，财富和公司实力究竟哪一个是企业的真正象征？这些问题值得我们深思。

现金流充足的企业更能抵御不确定性带来的风险

拥有充足现金流的企业往往具有更强的抗风险能力。他们能够在经济波动中保持稳健的运营，即使面临筹资困难或短期贷款压力，也能从容应对。这类企业通常具备适中的负债比率和良好的资金流动性，使得他们在商业竞争中占据有利地位。

以下几家企业都是现金流管理的典范。

1. 长实集团

长实集团，这个由李嘉诚打造的地产业巨头，是香港房地产市场的领军者。其深厚的资金积累和强大的财务实力，使得长实在香港拥有广泛的房地产投资组合，包括众多写字楼、购物中心和酒店。这些资产为长实带来了稳定的租赁收入，形成了强大的现金流。正因如此，即便在1997年的亚洲金融风暴中，长实也能稳如泰山，风暴过后甚至还能抓住机遇进行收购。

2. 阿里巴巴

这家科技巨头的资金管理策略同样值得称道。阿里巴巴通过多种渠道获取资金，并能灵活运用这些资金。多年的利润积累已使阿里巴巴坐拥巨额资金，仅年利息收益就高达200亿元。支付宝作为阿里旗下的重要子公司，不仅为阿里提供了稳定的现金流，还是中国移动支付行业的领军企业，每年为阿里贡献上百亿的收益。此外，天猫平台的交易也为阿里带来了大量的资金流动，这些资金在短期内就能被投入到公司的发展中。

3. 格力

传统行业的格力公司也在董明珠的领导下展现出了强大的现金流管理能力。董明珠将格力打造成一家盈利型企业，通过稳定的管理和专注的空调业务，使格力成为国内A股市场上现金流最充裕的公司之一，资产总额高达1400亿元人民币。格力每年都能获得大量的现金收入，而支出却相对较少，这使得格力的现金存量持续增加。这样的资金储备不仅让格力无需向银行贷款，还能将多余的资金存入银行获取利息收益,这部分收益每年都能为格力带来数十亿的额外收入。

长实集团、阿里巴巴和格力公司在现金流管理方面都堪称典范。他们通过深厚的资金积累、灵活的资金运用和稳定的管理策略,构建了强大的现金流体系,从而有效抵御了市场风险,抓住了发展机遇。这些企业的成功经验告诉我们,现金流管理是企业稳健发展的关键所在。

企业经营的残酷现状

在追逐梦想的路上,每个创业者都要面对种种残酷的现实。其中,企业的现金流状况,往往成为决定企业生死存亡的关键因素。投资人审视一个项目时,企业的现金流是他们最为关注的指标之一。因此,对于创业者而言,了解并优化企业的现金流管理,就显得尤为重要。

不知道大家有没有这样一种感觉,疫情后,许多个体和企业都经历了没有进项、只有支出的经济困境,这种压力让人们开始重新审视自己的财务管理方式。以前那种"月光"的消费观念,逐渐让位于更为谨慎的财务规划。

对于一些中小微企业来说,他们面临的现金流问题更为严峻。一方面,应收账款难以收回,而工人工资和供应商的货款却需要按时支付。尤其是一些小型供应商,他们更看重资金的快速回笼,因此对于企业来说,现金流的管理变得尤为重要。

在这样的市场环境下,企业如何保持稳定的现金流成为了关键。股东投入或产品销售收入是企业现金的主要来源,但显然不能依赖股东持续投入。因此,企业需要通过内部销售周转和资金流动来产生现金。

现金流短缺不仅仅是财务问题

当企业出现现金流短缺时,这不仅是一个财务问题,更是一个深层次的经营风险预警。管理层必须高度重视,及时采取应对措施,以确保企业的稳健运营。

投资大师查理·芒格曾深刻指出："如果我能预知自己的终点，我将竭力避免走向那里。"企业与人的生命周期有诸多相似之处，都不可避免地面临终结，但这个过程的长短和质量却大相径庭。企业的兴衰存亡，往往受到多种内外因素的影响。无数企业失败的案例表明，自我膨胀、内部消耗和决策失误等人为因素，是导致企业早夭的罪魁祸首。

为了延长企业的生命周期，我们首先需要深入了解企业的经营现状以及可能面临的致命风险。许多企业对于自身所处的状况缺乏清晰的认识，这往往导致他们无法采取有效的应对策略。

以下是许多企业可能面临的四大现状，需要引起高度关注，详见图4-1：

现状一：繁忙而无利

即使业务繁忙，但如果利润微薄甚至亏损，那么所有的努力都可能成为徒劳。当付出与回报严重失衡时，企业必须深刻反思并调整经营策略。

现金流背后的重重问题：
- 繁忙而无利
- 有利而无现
- 投入大而产出小
- 个人企业难分离

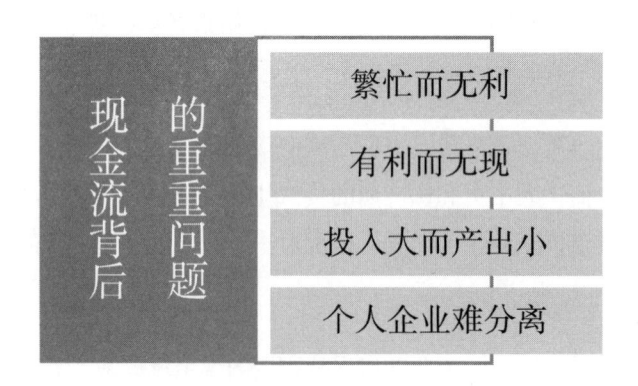

图4-1 现金流背后隐藏的企业问题

现状二：有利而无现

即使企业报表上显示盈利，但如果现金流紧张，那么这些利润也只是纸上富贵。创业过程中，从员工薪酬到运营成本，每一处都需要真金白银的投入。因此，保持健康的现金流至关重要。

现状三：投入大而产出小

当企业发展到一定阶段，可能会面临巨大的投资压力。如果投资回报率低于资金成本，甚至无法覆盖基本的运营费用，那么企业就可能陷入困境。在这种情况下，企业需要审慎评估投资项目，并寻求更有效的资金利用方式。

现状四：个人企业难分离

尽管创业者与企业紧密相连，但若企业过度依赖个人，离开创业者便难以为继。此等紧密联系或将制约企业发展与灵活性。构建科学管理体系及提升团队能力，乃企业持续发展之关键。

各位创业者不妨自检一下，如果你的企业现状与上述几点不谋而合，那么若不采取积极变革，企业的未来发展恐怕不容乐观。即便目前经营状况看似良好，但缺乏持续性和稳健性的企业很难实现长远发展。若企业一味追求规模扩张而忽视内部管理和风险控制，那么规模越大，潜在的风险也就越高。因此，企业必须正视现状，为了应对现金流的挑战，企业可以采取多种策略。实际上，企业的财务管理是一个复杂的体系，我在此不展开说明。术业有专攻，大家可以请专业人士根据企业的具体情况建立适合企业发展的系统。除此之外，我个人的几点建议是：

首先，精确核算产品成本并计算出利润，以此为基础设定一个可接受的低价，并通过现金折扣的方式促进现金交易，从而增加企业的现金流。

其次，与下游供应商协商长期供应合同，采用月结或季度结算的方式，以便与产品的生产和销售周期相匹配，从而节省出部分现金。

此外，企业财务人员需要积极学习金融知识，了解并利用金融工具如承兑等，以优化收款方式并加速资金回笼。

现金流是企业运营的生命线，也是衡量企业经营效率和风险管理能力的重要指标。在寻求投资或进行业务合作时，一个健康的现金流状况能够增强投资人的信心，提高企业在资本市场上的竞争力。因此，企业应将现金流短缺视为一个重要的风险预警信号，并采取相应的管理措施来应对。而创业者更应当时刻关注企业的现金流动态，合理规划资金使用，优化资产和负债结构，以降低财务风险，提高盈利能力，实现企业的长远发展，赢得投资人的信任和市场的认可。

影响企业现金流的因素

在创业领域，存在一个普遍的现象：许多企业要么难以扩大规模，要么在扩张过程中迅速衰败。究竟是什么原因导致了这样的局面呢？

基于过去十年的创业经历和对众多企业的深入研究，我发现问题的核心在于创业者对财务管理的理解与实践存在不足。尽管创业成功的因素众多，但归根结底，财务认知的缺失是导致企业难以做大或做大后易败的重要原因。

企业和人的生存之道有共通之处，即都需要足够的资源来维持和发展。对于企业而言，资金就是其生存和发展的血液。然而，许多创业者在追求理想的同时，忽视了资金的重要性。他们可能有着坚定的意志和远大的梦想，但如果没有足够的资金支持，这些梦想很难变为现实。

具体来说，导致企业陷入困境的原因可以归结为以下几点：

1. 企业缺乏全方位的财务制度

完善的财务制度能够确保资金的合理使用和有效监控，从而维持企业的稳健运营。然而，许多企业在财务管理方面存在漏洞，导致资金流转混乱，严重影响企业的发展。

2. 创业者缺乏风险意识

在创业过程中，风险是无处不在的。然而，一些创业者对潜在的风险缺乏预见和应对能力，当风险降临时，往往措手不及，导致企业陷入困境。

3. 创业者缺乏数据思维，决策过于依赖直觉和经验

在现代商业环境中，数据是决策的重要依据。然而，许多创业者在决策时忽

视了数据的作用，导致决策失误和资金浪费。

企业陷入现金流困境的六种原因

列夫·托尔斯泰曾经说过："快乐的家庭总是相似，不幸的家庭各有各的不幸。"然而，在创业领域，情况却恰恰相反。成功的企业各有各的特色，但陷入困境的企业却常常因为相似的原因而失败。

成功往往是特定环境、条件和时机的综合结果，难以复制。然而，失败却往往源于一些常见的、可预防的错误。对于创业者来说，资金问题或许并非最大的难题，真正的挑战在于如何避免那些可能导致企业陷入困境的常见错误。

如果我们能够提前识别并了解这些可能导致企业陷入困境的原因，那么我们就更有可能预防并避免这些问题。这就像我们在过马路时会格外小心，因为我们知道无视交通规则可能会导致严重的后果。同样地，了解并避免这些常见的创业陷阱，可以帮助我们降低创业失败的风险。

以下是六个可能导致企业陷入困境的常见原因，它们涵盖了大多数创业失败的情况，详见图4-2。通过分享这些实实在在的教训，我们希望能够帮助大家更好地理解为什么有些看似发展良好的企业最终会陷入困境。

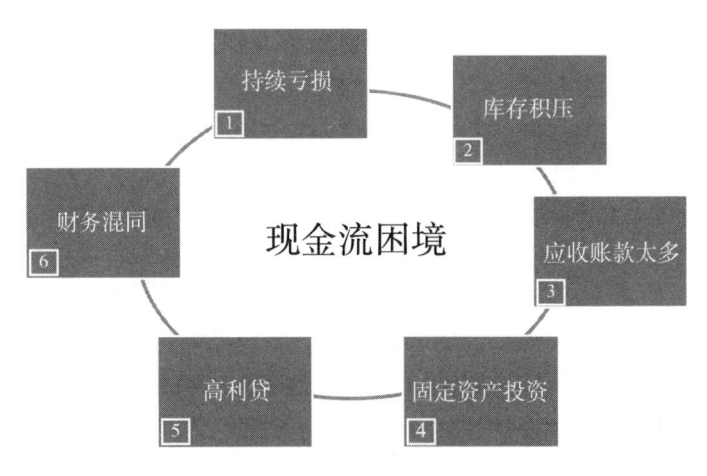

图4-2 影响企业现金流的6个因素

1. 持续亏损

当企业持续亏损，不断消耗资金而无有效的回报时，这就像是一个不断加重的负担，逐渐压垮企业的现金流。持续亏损不仅是创业失败的一个明显标志，更是导致许多初创企业难以维持运营的常见原因。

然而，重要的是要明白，亏损本身只是问题的表象，而非根本原因。亏损的背后可能隐藏着多种因素，如策略失误、管理不当、市场环境变化等。创业者需要深入分析亏损的具体原因，才能找到有效的解决方案。

持续亏损会导致现金流逐渐枯竭，这是企业陷入困境的致命伤。没有足够的现金流，企业就难以支付日常运营费用、员工工资和供应商款项等，进而影响到企业的正常运作和信誉。

因此，创业者需要密切关注企业的财务状况，尤其是现金流情况。一旦发现亏损迹象，就应立即采取行动，调整策略、优化运营、降低成本等，以确保企业的稳健发展。同时，也要不断学习和总结经验，避免再次陷入类似的困境。

2. 库存积压

库存积压是企业经营中常见的问题，它相当于将企业的资金以货物的形式固化下来。当货物无法及时销售，资金无法回流，就会导致现金流受阻，进而影响企业的正常运营。

以恒大为例，其资产规模庞大，但高负债也使其面临巨大的经营压力。为了维持现金流的稳定，恒大不得不采取打折销售房产的方式，将存货迅速变现，以缓解资金压力。这充分说明了库存积压对企业现金流的负面影响。

科技巨头苹果也曾因库存积压而陷入困境。1993 年，苹果的笔记本电脑产品 PowerBook 因库存积压而遭受巨大损失。这一事件对苹果产生了深远的影响，使其在后续的产品生产中更加谨慎。然而，过度谨慎又导致了其另一款产品 Power Macs 的量产不足，再次给苹果带来了损失。

库存积压不仅会影响企业的现金流，还可能引发一系列连锁反应，如供应链问题、产品质量问题等。近年来，库存积压始终是企业经营中的一大难题。企业需要密切关注市场动态，加强供应链管理，优化库存结构，以确保现金流的稳定和企业的持续健康发展。

3. 应收账款太多

应收账款是指企业已经提供了商品或服务，但尚未收到对方支付的款项。简单来说，就是企业已经交付了货物或提供了服务，但资金尚未回笼。这种情况在企业经营中并不罕见，然而，当应收账款过多时，就会对企业的现金流构成严重威胁。应收账款的增多意味着企业的资金被占用，无法及时回流到企业，这就会导致现金流紧张，甚至可能引发资金链断裂的风险。

此外，应收账款还存在坏账的风险。一旦对方出现经营困难或破产，这些应收账款就可能变成无法收回的坏账，从而给企业带来巨大的损失。

因此，企业在经营过程中应高度重视应收账款的管理，并通过加强信用管理和货款回收等措施，降低应收账款的风险，确保现金流的稳定和健康。一方面，要建立完善的信用管理制度，对客户进行信用评估，避免与信用不佳的客户合作。另一方面，要加强与客户的沟通，确保货款能够及时收回，降低坏账风险。

4. 固定资产投资

过度的固定资产投资，即将大量现金转化为厂房、设备等长期资产，可能会给企业带来严重的现金流问题。蒙牛和太子奶的对比就是一个鲜明的例子。

蒙牛曾经从摩根士丹利融资了五个亿，这些资金全部被战略性地投入到了市场拓展中，而蒙牛的生产线则是通过租赁方式获得。这种模式的灵活性使得蒙牛能够根据市场需求的变化快速调整生产规模，生意好时增加租赁，市场不景气时则减少或退租，从而有效保护了企业的现金流。

相反，太子奶在获得相同数额的融资后，选择了在滁州建设一个工业园。这种重资产的投资方式使得资金被长期锁定，难以迅速变现以应对市场变化。当市场出现不利情况时，太子奶的现金流受到了严重考验，最终让企业陷入困境。

5. 高利贷

有些企业领导者可能会选择通过贷款等方式来推动企业发展。这种方式带有显著的风险。当然，这并不是说企业完全不能借贷，特别是在企业面临关键时刻，适度的借贷可能是必要的。但重要的是，企业首先必须准确评估自身的经营状况和未来盈利能力。

在考虑借贷时，企业必须深思：这样的负债是否可承受？在借贷后，企业是否还能保持稳定的盈利？此外，我们需要明确区分借贷与融资的不同。即使是行业巨头，如果他们选择借贷而非融资来获取数百亿资金，那么每年可能需要支付的利息就超过五十亿。在这样的情况下，企业如何实现盈利？又如何顺利上市？

企业在考虑资金筹措方式时，必须谨慎权衡借贷与融资的利弊，确保企业的现金流稳定，以保障企业的长期稳健发展。

6. 财务混同

在进行银行贷款或商业融资时，企业需要提供财务报表以证明其财务状况。然而，有些企业或个人可能会尝试在财务上进行不正当操作，以获取更多的融资。这种做法在短期内可能看似有效，但如果无法按时还款，就可能涉及欺诈行为，进而面临法律责任。

为了保持企业的健康发展和现金流的稳定，财务的透明度和规范性至关重要。企业应坚持诚实守信的原则，真实反映自身的财务状况，这样不仅有助于建立与金融机构的长期信任关系，还能为企业赢得更多的商业机会。

企业在经营过程中应时刻保持对现金流的密切关注，避免采取那些可能导致现金流紧张或断裂的冒险行为。尽管这些行为可能在短期内为企业带来某些利益，但从长远看，它们都可能成为威胁企业生存和发展的隐患。一家永续经营且被信任的企业，不仅需要对内规范自身运营，还需对外展示真实、稳健的财务状况。

判断现金流真伪：企业财务状况自检

李嘉诚曾言，行事之前应先预想失败。这一理念与《孙子兵法》中的智慧不谋而合："不尽知用兵之害者，则不能尽知用兵之利。"的确，商业世界，总是风险与机遇并存。若不明了经营中潜在的风险，又怎能全然把握其中的利益呢？

经营企业的道路充满挑战，甚至较之战场上的胜算更为渺茫。战场上敌我分明，胜败立见；而在商业竞争中，对手往往难以预料，危机四伏，随时可能爆发。

人们往往更倾向于追求利益，而忽视风险。这源于人性中的侥幸心理，总认为最坏的情况不会发生在自己身上。但现实是残酷的，一旦失败，可能再无翻盘的机会。

因此，在商业竞争中，生存是首要任务。而企业的生存之本，便是稳健的现金流。无论是哪个行业，企业都始于资本投入，经过一系列运营流程，最终实现盈利。这一过程中，现金流如同企业的生命线，贯穿始终。

资金是血液，财务是心脏

拥有百年历史的企业，依然保持着如同18岁心脏的活力——这是每位企业家梦寐以求的愿景。一个企业的"心脏"，就是其财务健康状况，决定着企业是否能够长久而充满活力地运转。

要实现企业的百年长青并非易事，保持企业始终充满活力更是难上加难。在这漫长的发展历程中，企业需不断突破挑战，克服重重难关。正如人体需要一颗强健有力的心脏来确保血液的顺畅流动，企业在任何时候都必须重视和维护其财务健康。

新世界和恒基兆业这样的香港知名企业，在保持大规模运营的同时，资产负债率却维持在较低的20%左右，现金比例占总资产的5%~15%。这种稳健的财务状况使它们能够在市场波动中保持稳健。相比之下，国内许多地产上市公司的负债率高达 100%~300%，且现金流管理存在诸多问题。可见，一个健康的财务状况不仅能帮助企业在困境中站稳脚跟，更是其实现长久发展的关键因素。

每个企业都希望能在百年之后仍然保持强健的"心脏"——稳健的财务状况。在这个比喻中，财务是企业的心脏，资金则是流动的血液，共同维持着企业的生命力。

在众多影响企业生存和发展的因素中，财务健康无疑占据首要位置。从全球视角来看，那些历经百年的企业，其长寿秘诀往往与健全的财务体系和精细的财务管理密不可分。相反，许多中途夭折的企业，常常是因为资金链断裂，且无法继续获得融资支持，最终走向衰败。因此，随着中国企业逐步参与国际竞争，并将打造"百年老店"作为自己的发展目标，提升融资能力、完善财务控制以及降低财务风险就显得尤为重要。

在与多位不同行业的企业家朋友交流中，我发现他们普遍面临两大创业难题：一是业务拓展的挑战，二是财务管理的复杂性。令人遗憾的是，不少企业并非败在产品或市场竞争上，而是陷入了财务管理的困境。特别是对于初创企业的领导者来说，由于缺乏对财务报表的深入理解，他们往往难以从宏观角度把握企业财务状况，进而在危机面前显得束手无策。

在受邀为多家企业进行财务诊断的过程中，我总结出了三个关键点，用于检验企业财务的健康状况。这三个标准简洁而实用，可供企业家自查参考（详见表4-1）。

表 4-1 检验企业财务是否健康的三个标准

你的企业财务状况是健康的吗？	
看现金流	有没有钱，钱从哪里来
看盈利	赚不赚钱，靠什么赚钱
看老板	有没有意识，有没有能力

通过这三点，我们投资人基本就能看出企业在财务方面存在的问题。不少管理者虽然明白财务管理的重要性，但在实际工作中却往往未能给予足够的重视，

这种情况在中小企业中尤为常见。这些企业的管理者通常将营销视为重中之重，认为只要业务繁荣，资金就会源源不断地流入，从而推动企业持续扩张。

市场是企业赖以生存的基础，而管理则是提升企业竞争力的关键。然而，如果忽视了财务管理，企业迟早会遭遇重重危机。例如，有些企业在开展项目时从不进行预算规划，一开始账面资金充裕时便挥霍无度，导致资金流向混乱无序。当资金紧张时，他们甚至无法准确追踪到资金链断裂的具体环节。此外，还有些企业存在公私不分、资金利用效率低下等问题，更有甚者游走于税法的边缘，试图通过不正当手段谋取利益，如做低利润、签订阴阳合同、伪造单据以及买卖发票等。

这些行为都释放出了危险的信号。只有在安稳时期就考虑到可能出现的危机，才能有效避免资金链断裂所带来的剧痛，减少企业损耗，确保企业能够轻装上阵、快速发展。

当然，疫情、战争等自然灾害和外部因素是我们无法控制的。当这些不可抗力发生时，所有企业和个人都必须面对并共同应对。然而，我们能够将注意力集中在可控的、根本性的问题上，这才是我们致力于打造百年企业的立足点和发力点。

冰冻三尺非一日之寒，成功也并非一蹴而就。无论是投资人还是创业者，我们都应该避免"暴饮暴食"式的冒进和"过度节食"般的保守，只有坚持"合理膳食"的原则，才能有效保障身体和心脏的健康。即使我们无法活到百岁高龄，但至少可以努力追求健康和长寿！

利润优先原则：眼不见、心不动

企业家们为何总是热衷于不断追求增长？这背后其实有一个普遍的假设：所有的收入最终都会转化为利润。我们必须认识到一个事实：利润并不会随时间自然产生。它不是年底的总结，不是五年计划结束时的奖励，也不是某一天会突然降临的惊喜。利润不是可以等待的东西，它不是未来的某个事件，而是现在就需要关注和实现的目标。

利润需要贯穿公司的每一天、每一笔交易、每一个时刻。它不仅仅是一个结果，更是一种日常的习惯和追求。我们的任务应该是尽最大努力提高利润，无论公司当前规模如何。当我们把焦点放在利润上时，自然会发现简化业务和发展新方法的机会。

为了实现健康、可持续的发展，我们需要重新审视盈利模式。我们应该采取"利润优先"的策略，即先确保利润再考虑增长。这意味着我们需要识别并专注于那些能赚钱的项目，同时果断放弃那些不盈利的部分。当我们过于关注增长时，可能会不惜一切代价去追求它，甚至牺牲自己的生活质量。而当我们把利润放在首位时，就会发现持续盈利的方法，并确保盈利能力、稳定性和理性始终掌握在我们自己手中。

传统会计方法的局限性与"利润优先"的新视角

长久以来，大部分企业都采用传统的会计方法来记录收入和支出，即：

$$营业收入 - 成本费用 = 利润$$

从表面上看，这一公式在逻辑上无懈可击，它鼓励我们增加销售、减少消费，从而获取更多利润。然而，这种方法是否真的符合我们的自然行为和企业发展的实际需求呢？

传统会计方法（GAAP）的核心问题在于它过于强调销售和成本，而忽视了对利润的关注。这导致我们陷入了一个误区：认为只要不断提升销售额，利润就会随之而来。然而，现实情况往往并非如此。在追逐销售增长的过程中，我们可能不自觉地增加了不必要的开支，甚至忽视了投资和成本之间的关系。我们往往把精力集中在如何提高销售额和减少成本上，却忘记了最终的目标是赚取利润。这种对利润的忽视可能导致我们在经营过程中做出错误的决策。

为了打破这一恶性循环，我们需要采用一种新的视角来看待企业经营——

"利润优先"。这种方法强调首先关注利润，然后再考虑销售和成本。它鼓励我们寻找能够以更少支出获得更多回报的方式，从而优化我们的开销和投资决策。

"利润优先"不仅符合我们的自然行为，还能帮助我们更好地管理现金。在这个系统中，我们不再需要复杂的会计计算或专业协助来理解公司的财务状况。相反，我们可以直观地看到哪些钱可以花，哪些钱需要存下来以确保公司的稳健发展。

通过采用"利润优先"的视角，我们可以更加明智地管理我们的企业，确保在追求销售增长的同时不忘初心——赚取利润。这种方法不仅有助于我们避免陷入"生存陷阱"，还能让我们的公司在竞争激烈的市场中脱颖而出。

对此，美国企业家、天使投资人迈克·米夏洛[①]维奇在其著作《现金为王》（*Cash is King*）中总结了几个核心原则，对于创业者来说不失为宝贵的经验，不妨根据企业的自身情况加以参考。

1. 帕金森定律

1955年，现代哲学家诺斯科特·帕金森提出了一个引人深思的定律——帕金森定律，它揭示了一个反直觉的现象：人们对某物的需求会随着供给的增加而增加。在经济学领域，这被称为诱导需求。例如，尽管我们扩建道路以期减少交通拥堵，但总会有更多的司机上路，填满新增的车道。

同样地，这一原则也适用于商业环境。如果你的客户给你一周的时间来完成一个项目，你可能会用足这一周的时间。然而，如果客户只给你一天时间，你便会在一天之内完成任务。这表明，当资源有限时，我们会更加高效地利用它们。

当我们的资源或时间变得有限时，我们会做出两种反应。首先，我们会变得更加节俭。就像当牙膏快要用完时，我们会不自觉地减少每次刷牙时挤出的牙膏量。

[①] 迈克·米夏洛维奇，哈佛大学、普林斯顿大学、宾夕法尼亚大学等大学创业项目的客座讲师。

然而，更重要的是，资源有限还会激发我们的创新精神。我们会想方设法从有限的资源中榨取最大的价值，就像从牙膏管里挤出最后一点牙膏一样。在商业环境中，这意味着当我们面临有限的经营资金时，我们会努力寻找更高效、更经济的方法来达到相同或更好的结果。

因此，利润优先的第一大核心原则是：通过首先确保利润，并将它从我们的视线中"移开"，我们被迫在有限的资源下运营公司。这种做法不仅促使我们更加节俭，更重要的是，它激发了我们的创新精神，推动我们不断寻找更优的解决方案。在这种压力下，我们往往能够发现之前未曾注意到的机会和潜力，从而推动公司的持续发展。

2. 首因效应

在心理学中，有一个被称为"首因效应"的原则，它指的是我们对首先接触的事物会给予特别的重视。这个原则在我们的日常生活和商业决策中都起着重要作用。

想象一下，当你看到两组描述词，一组是"邪恶、憎恨、愤怒、喜悦、关怀、爱"，另一组是"爱、关怀、喜悦、愤怒、憎恨、邪恶"。尽管这两组词完全相同，只是顺序相反，但我们的第一印象往往会受到开头几个词的影响。这就是首因效应的体现。

在商业世界中，这个原则同样适用。当我们遵循传统的"营业收入－成本费用＝利润"公式时，我们往往会过分关注营业收入和成本费用，而将利润视为次要因素。这种思维方式导致我们陷入一个无休止的循环：努力销售以获取收入，然后用这些收入去支付账单。最终，我们可能会发现自己虽然销售额不断增长，但利润却迟迟未见提升。

为了打破这个循环，我们需要将利润放在首位。当我们把利润作为关注的焦点时，它会始终保持在我们的视野中，从而确保我们做出的每一个决策都是为了实现利润最大化。这种思维方式有助于我们更加理性地分配资源，优化成本结构，并最终实现可持续的盈利增长。

因此，"利润优先"不仅仅是一种财务策略，更是一种以利润为导向的思维方式。通过运用首因效应的原理，我们可以将利润置于商业决策的核心位置，从而推动企业的长期发展和成功。

3. 坚定决心：及时提取并妥善保管利润

我个人对巧克力蛋糕毫无抵抗力，如果它与健康食品一同摆在我面前，我恐怕会毫不犹豫地先品尝蛋糕。为了避免这种情况，我总是确保手边有健康的食物，并远离垃圾食品。

金钱管理亦是如此。在实施"利润优先"策略时，我们可以利用"眼不见，心不烦"的心理效应。一旦产生利润，我们应立即将其从日常经营资金中分离出来，这样它就不会在日常视线之内，从而减少被随意使用的可能性。

就像我们会避开那些触手可及的诱惑一样，当利润被"隐藏"起来后，我们会更加专注于利用手头的资源，而不是惦记着那些已经"消失"的利润。而当利润账户定期为我们带来额外的收益时，这种感觉就像收到了一笔意外的奖金，让人备感愉悦。这种方法不仅有助于我们保持自律，还能激发我们更好地管理资源，实现长期的财务目标。

4. 建立稳定的财务节奏

通过有序地管理财务，我们能够获得深远的益处。这意味着，无论是有大额资金入账，还是现金流出现短暂下降，我们都能保持冷静，不会因冲动而过度消费，也不会在资金紧张时感到惊慌。这并不是说资金会源源不断地自动流入，而是通过建立稳定的财务节奏，我们能够摆脱因资金波动带来的日常焦虑。

实际上，这种节奏不仅为我们的整体现金流提供了一个可靠的参考，还是衡量现金流状况的一种简化方式。你无须深入研究复杂的现金流量表，只需通过查看你的银行账户，就能对现金流状况有一个直观的了解。毕竟，定期查看账户已经成为我们日常习惯的一部分。

一旦你掌握了这种现金管理的节奏，就相当于把握了商业活动的核心脉搏。

你可以通过每日查看银行账户来实时监控你的现金状况。只需简单登录，快速浏览一下余额，然后退出即可。很快，你就能对自己的财务状况有一个清晰的认识。

想象一下，你的现金流就像海浪一层层地拍打着沙滩。当现金如巨浪般涌入时，你会清晰地看到并据此作出相应的行动。同样，当海浪变得平静时，你也会立刻察觉。虽然现金流动在大多数情况下都是正常的波动，可能不需要你立即采取行动，但重要的是，你总能通过日常查看账户的习惯，对财务状况了如指掌，从而做出明智的决策。

新的财务框架

在理解了自身行为背后的心理学动因之后，下一步是构建一个符合我们自然行为模式的系统。让我们从一个重塑的"利润优先"公式出发：

$$营业收入 - 利润 = 成本费用$$

以下是这个新公式的四个实践原则，如图 4-3 所示：

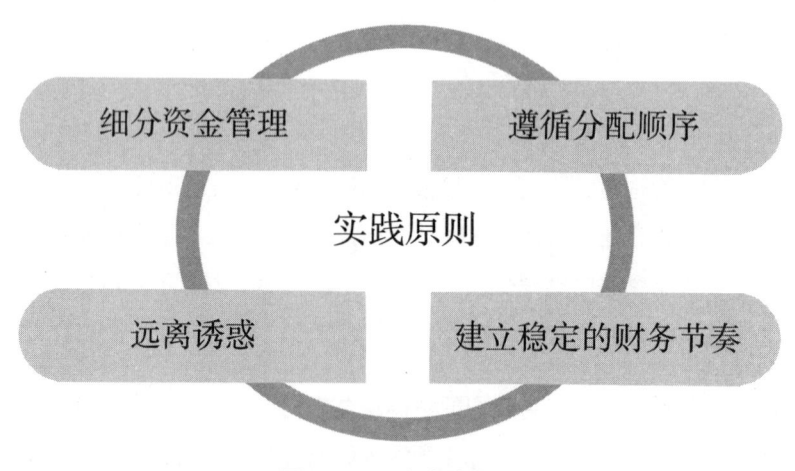

图 4-3　四个实践原则

1. 细分资金管理

当资金流入你的收入账户时，它仅仅作为一个中转站。随后，你需要定期按照预设的比例将资金从收入账户分配到其他专用账户中。

这些专用账户各自承载着不同的功能：利润账户、股东薪酬账户、税务账户以及运营成本账户。

简而言之，你的财务体系将由这五个基础账户构成（收入、利润、股东薪酬、税务和运营成本）。对于初学者来说，这是一个很好的起点，而随着你对系统的熟练掌握，你可以根据需要增设更多的账户。

2. 遵循分配顺序

无论何时，都要根据预先设定的比例向各个账户分配资金。账单的支付永远不是首要任务。资金会从收入账户依次流入利润账户、股东薪酬账户、税务账户和运营成本账户。

之后，你只能用运营成本账户中的资金来支付账单，这是铁律。那么，如果运营成本账户中的资金不足以支付费用，该如何应对？

这并不意味着你需要从其他账户中挪用资金。相反，这是你的企业在向你发出信号：某些费用超出了你的负担能力，你需要考虑削减这些开支。通过剔除不必要的花费，你的企业将展现出惊人的发展潜力。

3. 远离诱惑

将你的利润账户和其他"诱人"的账户隐藏起来，让它们远离你的视线。你需要采取措施增加动用这些资金的难度，从而抵制住"借用"这些资金的诱惑。你可以通过设置问责机制来防止自己随意取款。

4. 建立稳定的财务节奏

每半个月分配一次资金并支付应付账款。不要等到账单堆积成山才着手处理。通过设定固定的分配和支付节奏，每半月结算一次账单，你将能够清晰地看到资金的积累情况以及资金的具体流向。这是一种有序、重复且频繁的现金流管理方式，远胜于依赖直觉的资金管理。

通过遵循"利润优先"原则，我们不仅能够确保企业的稳健发展，还能够有效地抵御各种诱惑，保持对利润的专注和重视。这种方法能够帮助我们建立健康的财务习惯，使我们在商业竞争中保持清醒的头脑和坚定的决心。建议创业者适当运用这一原则，并了解如何将其应用于实际商业活动中，以推动企业的持续发展，迈向成功。

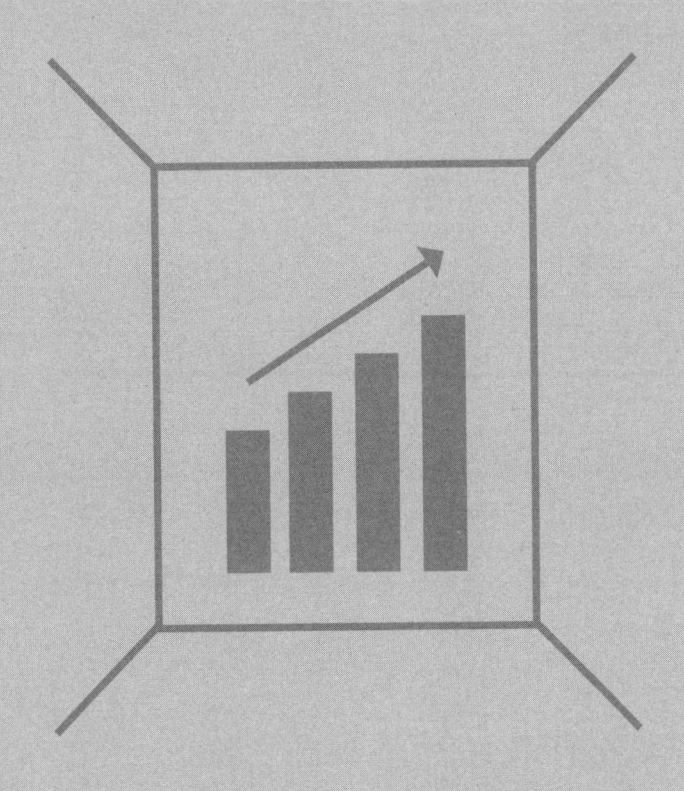

05

用什么竞争：
呈现让投资人尖叫的好产品

爆品如繁星点点，璀璨夺目，可为何你的产品却仿佛隐匿于夜空，难以被人察觉？是市场太过拥挤，还是你的光芒尚未绽放？面对这样的困境，你是否曾夜深人静时自问：爆品这么多，为什么就是看不到我的产品？

投资人眼中的好产品究竟是何模样？是技术创新的前沿阵地，还是用户需求的精准捕捉？是盈利模式的独树一帜，还是市场潜力的无限广阔？要解开这个谜团，我们是否应该更深入地探究投资人真正寻找的是什么？

当你站在投资人的面前，如何"秀"出你的产品价值，让他们眼前一亮，甚至心生惊叹？是依靠详尽的数据报告，还是生动的场景演示？是讲述一个引人入胜的故事，还是直接展示产品的核心竞争力？记住，每一次展示都是一次机遇，你，准备好了吗？

爆品这么多，为什么就是看不到你的产品

在当今市场竞争激烈的环境下，消费者面临着无数的产品选择，而商家们也都竭尽全力推出各种爆品以吸引消费者的眼球。然而，很多时候我们会发现，尽管市场上爆品层出不穷，但某些产品却始终难以获得消费者的关注。那么，究竟是什么原因导致了这种现象呢？

爆品，作为市场营销中的一个热门概念，通常指的是那些在短时间内迅速走红，销量激增，为企业带来显著利润的产品。它们不仅是企业销售额的主力军，更是品牌影响力和市场份额的关键驱动力。从更宏观的角度看，爆品还需在同行业内展现出领先的竞争优势，并具备持续的市场吸引力。

你的产品有多大可能性引爆市场

随着互联网的蓬勃发展，爆品的概念也在不断演变。相较于传统工业时代，当今的爆品呈现出更为鲜明的时代特质。以下三点尤为突出，各位创业者不妨看看你设计的产品是否符合以下几个特点？

1. 极致单品

在互联网时代，产品的某一特性或功能若能做到极致，便有可能迅速占领市场，成为消费者心中的独特记忆点。例如，Snapchat应用凭借其"阅后即焚"的极致功能，成功吸引了大量用户，估值高达190亿美元。

2. 杀手级应用

与传统工业时代强调价格竞争力不同，当今的爆品更注重用户体验。一款产品若能直击用户需求，提供无与伦比的应用体验，便有望成为市场的佼佼者。以"饭扫光"辣椒酱为例，其通过直接满足用户"一扫而光"的用餐体验，脱颖而出。

3. 爆炸级口碑

在互联网的助力下，消费者的口碑传播变得前所未有的快速和广泛。一款产品若能引发消费者的热烈讨论和推荐，便能在短时间内形成链式反应，迅速引爆市场。这种 N 到 N 的推销模式，使得引爆指数以几何级数倍增，成为当今爆品成功的关键。

成功打造爆品并非一蹴而就，正如罗马非一日建成，爆品的诞生也需要深厚的积淀和精准的策略。在这里我也不是鼓吹爆品有多好，但至少创业者应以此为目标，企业在追求爆品的道路上，可以依托以下三种路径：

路径1：聚焦爆品功能

一个出色的功能往往能迅速点燃市场热情。以微信红包为例，其诞生源于腾讯员工对于节日发红包这一传统习俗的深刻洞察。微信红包巧妙地将传统红包文化与现代科技结合，通过"抢红包"这一创新功能，不仅激发了用户的参与热情，更成功引爆了微信群内的互动氛围。这种策略的关键在于精准把握用户需求，通过一个"抢"字，巧妙激活了潜水用户，形成了强大的用户黏性。

路径2：打造爆品

这意味着要将单一功能升级为全面解决方案，以满足用户在不同场景下的需求。腾讯的产品经理们深知"场景"的重要性，他们通过深入挖掘用户使用场景，设计出更符合用户需求的产品。例如，春节发红包是微信红包的一个重要场景，但春节后如何延续这种热度？腾讯推出了打车红包等多种衍生产品，不仅丰富了使用场景，还提升了微信支付的使用率。这种策略的成功在于对用户场景的深刻理解与拓展。

路径3：构建爆品平台

一个强大的平台能够为产品提供持续的曝光和动力。微信红包在几年前春晚的引爆就是一个典型案例。通过春晚这一百亿级的大场景，微信红包实现了空前的互动次数和收发总量。这充分展示了爆品平台在推动产品爆发式增长中的关键作用。

总的来说，打造爆品需要企业在功能、产品和平台三个层面进行深入挖掘和创新。通过精准把握用户需求、丰富使用场景和构建强大平台，企业可以更有效地推动产品的爆发式增长。

乔布斯曾经深刻指出："聚焦的意思不是说'是'，而是学会对现有的另外100个好主意勇敢说'不'。"这一理念在他重新执掌苹果后得到了淋漓尽致的体现。乔布斯回归后的首要任务，便是集中精力打造能够引爆市场的产品——爆品。他深知，如果企业无法专注于一个方向进行深入研发，那么真正意义上的爆品将永远遥不可及。

在乔布斯的引领下，苹果公司以精益求精的态度，对产品进行不断地打磨和创新，最终推出了一系列颠覆性的爆品，不仅重塑了苹果的品牌形象，更引领了整个科技行业的潮流。相信乔布斯的聚焦哲学，为所有创业者们提供了宝贵的启示。

投资人眼中的好产品到底长什么样

我见证过无数创业者的梦想：他们渴望打造出一款能够代表自己心血与智慧的产品。然而，在现实的商业战场上，许多产品经理向我们诉说过他们的困惑：

- 为何我们的产品质量与大品牌相当，价格更低，却依旧销售不畅？

- 为何自认方向明确，市场却并不买单？

- 为何我们的产品在某些方面出类拔萃，市场和用户却并不认可？

什么是让人尖叫的好产品

作为投资人，我们深知产品经理们对打造好产品的执着，也理解产品问世后未能获得市场认可的失落。那些耗费心血和时间打磨出的产品，能够打动团队，却未必能触动市场和用户。

当然，我也曾走过这些弯路，只不过，如今已能更精准地把握市场脉搏，提升产品的成功率。这主要归功于两点：一是从过往的失败中不断吸取教训，通过反思和总结，使每一次的失败都成为通往成功的垫脚石；二是积极寻求经验丰富、视野开阔的前辈指导，他们的宝贵建议往往能指引我们避开陷阱，更快地找到正确的方向。

在投资过程中，我们会借助自身的经验和资源，帮助创业者更精准地把握市场脉搏，提升产品的成功率。这主要得益于我们对市场的深入了解和对用户需求的敏锐洞察。同时，我们也非常看重产品的创新性和差异化。在竞争激烈的市场中，只有不断创新，才能在众多产品中脱颖而出，赢得用户的青睐。

从投资人的视角来看，好产品不仅仅是质量上乘、价格合理，更重要的是能够满足市场需求，具有创新性和差异化，同时还需要有一支优秀的团队来执行和推动产品的持续发展。

此外，投资人判断好产品通常会有一些共性的标准，以下是我们总结的三个标准——好看、好用、好玩（详见图5-1），并附上与所提品牌的关联性分析：

标准1：好看

"好看"指的是产品在视觉设计上吸引人，能够引起消费者的注意和兴趣。一个好的产品设计不仅能够提升产品的整体质感，还能增强消费者对产品的好感度，甚至激发消费者的购买欲望。

提及"野兽派"，多数人的脑海中会立即浮现出那个源自传奇花店，如今已蜕变成为涵盖花艺、家纺、美妆、珠宝等多个领域，并涉足跨境电商的高端艺术生活品牌。

图 5-1 好产品的三个标准

野兽派,这一生活方式品牌的代名词,凭借其独树一帜的审美视角与精湛细腻的设计理念,在业界独树一帜。其产品不仅实用性出众,更在视觉层面为消费者带来了极致的享受。无论是花艺作品的巧妙构思,还是家居用品的精致打造,野兽派都以其新颖的设计、和谐的色彩搭配,展现出一种既高雅又不失时尚的气息,完美诠释了"好看与实用并重"的品牌理念。

标准2:好用

"好用"强调的是产品的实用性和功能性。一个好的产品应该能够解决用户的实际问题,提供便捷、高效的使用体验。产品的易用性和可靠性是判断其是否"好用"的关键因素。

三只松鼠作为电商坚果品牌,其产品在包装设计、开口方式、食用便利性等方面都做了精心考虑。例如,其坚果包装设计科学,易于打开和封存,保证了食品的新鲜度;同时,每包坚果都配备了开果工具,方便消费者食用。这些细节上的考虑大大提升了产品的使用体验,符合"好用"的标准。

标准3:好玩

"好玩"指的是产品具有趣味性和互动性,能够引发消费者的好奇心和探索欲。一个"好玩"的产品往往能够吸引消费者的注意力,增加产品的使用频率和用户黏性。

肯德基经常与各种知名 IP 合作推出联名款玩具，这些玩具不仅设计独特，而且具有一定的互动性，能够吸引孩子们的注意力。例如，肯德基曾与多个热门动画片角色合作，推出可变形的玩具，孩子们在享用美食的同时，还能玩到有趣的玩具，这种"好吃又好玩"的体验大大增加了肯德基对消费者的吸引力。这些联名款玩具充分体现了"好玩"这一标准。

具体来说，可以概括为以下几点：

1. 让用户获益是一切商业的出发点与产品的核心

在商业世界中，一个普遍的误区是过于聚焦产品本身的功能和优势，而忽视了用户的真正需求。许多初创企业在向投资人介绍项目时，往往大谈产品特点和技术先进性，却忽略了最重要的一点：用户从中能获得什么益处？

事实上，任何成功的产品或服务都基于一个根本原则——它们能够在某个层面满足用户的需求。这不仅仅是提供解决方案，更是深入理解用户的痛点，并为其创造价值。

以我们投资过的一个团队为例，该团队打算开发一款在线英语学习应用时，初步的用户调研似乎指向了一个明确的方向：用户倾向于选择免费且内容丰富的应用。然而，这种表面的需求很容易将我们引向错误的方向。

为了更深入地了解用户的真实需求，团队转变了调研策略，从直接询问转变为细致观察。通过观察用户手机中已安装的英语学习应用，以及他们在推荐应用时强调的特点，我们得以洞察到更深层次的需求。这种方法帮助该团队发现了真正的市场机会，并为后期的产品定位提供了宝贵的经验。

真正的用户需求往往隐藏在表面之下，需要通过深入的观察和洞察才能发掘。而作为产品经理或创业者，我们的首要任务不是推销自己的产品理念，而是确保我们的产品能够真正让用户获益。

2. 产品的核心：助力用户高效完成任务

在产品设计中，降低成本、提升用户体验是赢得市场的关键。只有当产品能够以更低的成本和更出色的体验满足用户需求时，才能真正获得成功。

回顾历史，我们可以看到许多技术或产品在诞生初期并未立即被大众接受。个人 PC 在 window 视窗操作系统出现之前，尽管电脑技术已经发展了 30 年，但也并未广泛普及。直到出现了直观易用的图形界面和交互方式，如所见即所得、拖拽和点击等，才使得个人电脑真正走进了千家万户。

同样，AI 技术从 1967 年就开始研发，但直到今天才得以大规模应用。这其中的主要障碍在于缺乏合适的应用场景。只有当人们发现通过简单的语音指令和点击就能控制家电、汽车，并能得到问题解答时，AI 技术才真正开始崭露头角。

短视频技术的突破并非在于其功能上的创新，而是抖音等平台通过滤镜、贴纸、音乐、动效和视频剪辑等功能极大地降低了内容生产的成本。这使得普通用户也能快速制作出高质量的作品，从而推动短视频应用的广泛流行。

在今天碎片化的信息时代，大部分用户都很懒，懒得思考，他们更没有什么耐心去研究你的产品。因此，仅仅对现有技术进行简单包装是远远不够的。要想赢得用户的青睐，必须在用户体验、交互逻辑和场景搭建上下足功夫。只有深入了解用户的实际需求和场景，站在他们的角度思考问题，以最低的成本帮助他们完成任务，才能真正打造出受用户欢迎的产品。

3. 厘清商品与产品的概念差异

在深入探讨之前，我们首先需要明确什么是商品。从经济学的角度来看，商品是用于交易的产品。这一定义看似简单，却蕴含了深刻的商业逻辑。

一个产品，无论其多么出色，如果不具备交易价值，或者交易成本过高，那么它很难转化为市场上的商品。将产品送达用户手中，涉及用户寻找、沟通建立信任、收款、物流等多个环节，这些都是交易过程中的必要成本。

对于初创公司而言，我通常不建议它们涉足 TO B 业务，主要原因是这类业务的交易成本往往非常高昂。同样，开发一款划时代的新产品也需谨慎，因为这类产品通常需要投入大量精力来说服用户接受。

在早期创业期间，我深刻体会到一点：我们的产品只需比竞争对手略胜一筹，就足以赢得市场。这一点点的优势，往往就是商业成功的关键。

以滴滴为例，尽管其多年亏损，但最终还是成功上市。这背后的原因之一就是其极低的交易成本。出门打车是大众需求，通过滴滴APP，用户可以轻松完成打车、导航、支付和评价等一系列操作。这种高效的产品模式为其规模化扩张提供了便利。

相反，职业教育公司的发展往往难以在短时间内实现规模化。这是因为用户从发掘需求到建立对平台的信任，再到支付、完成课程并实现升职加薪，这一周期相对较长。没有一年半载的时间，很难看到明显的成效。

我们必须清醒地认识到商品和产品之间的本质区别。仅仅满足用户欲望的产品是不够的，更重要的是要确保产品能够顺畅地交易，发挥其商业价值。否则，产品再好，也难以支撑公司的长期发展。

这就是我作为投资人角度看产品的几个核心视角，希望以上三点认知对创业者在设计产品时有所助益。

向投资人"秀"出你的产品价值

相信每一位创业者都经常需要向投资人推销自己的创意与产品，这个过程就像一场大"秀"，"秀"得好的话或许你可以轻而易举抓住机会，同时让投资人认可你的产品价值，否则就会错失良机。

酒香不怕巷子深的时代已经远去

在我的职业生涯早期，一位资深同事曾分享给我一句深刻的话："优秀不仅仅是拥有优点，更重要的是如何将这些优点有效地展现出来。"这句话一直引导着我，让我认识到在当今这个信息爆炸的时代，"秀"出自己的重要性。

"酒香不怕巷子深"的观念已经过时。即便你的产品再出色，如果未能有效地展示其优秀之处，那么这些优点也很可能被埋没。行业巨头如乔布斯和雷军，他们深知如何在大庭广众之下"秀"出自己的产品，从而吸引无数的目光和关注。

那么，如何"秀"得恰到好处，往往决定了我们能否抓住稍纵即逝的机遇。

常见的展示场景包括投资人会议、产品推介会、投资评审、创新竞赛、展览会、产品广告和招投标会等。在这些场合中，我们需要精炼地描述产品。

总之，当面对"你的产品是什么？"这样的询问时，能够快速、准确地用一句话介绍产品是至关重要的。这不仅能迅速抓住投资人的注意力，还能有效传达产品的核心价值。

大家不妨尝试以下几种方法去为自己的产品构建一句话介绍。

方法一——独特卖点 + 品类名词

独特卖点：需要强调产品的独特性和与众不同之处。思考你的产品相较于竞品有何独特优势？为什么消费者会选择你的产品而非其他？

卖点价值：卖点必须能够触动消费者，对他们有实际意义，并且要用消费者容易理解的语言来描述这个价值。

例如，海飞丝以"去屑"为独特卖点，飘柔强调"柔顺"，而潘婷则主打"养发"，这些都是简洁而有力的产品介绍。

再如，王老吉的经典广告词"怕上火就喝王老吉"就精准地锚定了产品的核心价值，简洁地介绍为"预防上火的正宗凉茶"，直击消费者痛点。

方法二——类比法，即用熟悉的概念诠释新品

类比法是一种非常有效的介绍方式，它借助大家都熟知的产品或概念来为新产品做参照。这样做能够迅速帮助受众建立对新产品的认知框架。

比如，微博在向海外投资人介绍自己时，巧妙地定位为"中国的Twitter"。这样的类比不仅让投资人迅速理解微博的社交媒体属性，还借助Twitter的知名度提升了自身的市场地位。

盛大在上市时，也采用了类似的策略，将自己定位为"网上的迪士尼"，从而清晰地传达出其作为互动娱乐内容运营平台的定位。

记得在评审创业公司商业计划书的过程中，我曾看到一句令人印象深刻的介绍："我们要做生鲜领域的京东。"这句话立刻让我联想到京东的配送速度和产品品质，进而对这家公司的产品特征有了初步，但深刻的了解。

方法三——"输入-输出"逻辑清晰定义产品

有效地传达产品的使用价值和便捷性至关重要。其中，"输入-输出"句式是一种极具说服力的表达方式。"输入-输出"句式从用户的角度出发，清晰地阐述了用户只需进行一个简单的动作（输入），即可获得期望的结果（输出）。这种句式结构能够迅速抓住听众的注意力，突出产品的易用性和实用性。

例如，Uber前CEO特拉维斯·卡兰尼克曾简洁地描述Uber的核心服务："你只要按下一个键，就会有一辆车来接你。"这种"输入-输出"的表述方式，让人一听即明白Uber的便利之处。

同样，有一个生鲜O2O创业项目也巧妙地运用了"输入-输出"句式进行自我介绍："手机按一按，新鲜蔬果送到家。"这句话简洁明了地传达了用户只需通过手机简单操作，就能享受到新鲜蔬果直送到家的服务。

介绍产品的方法还有很多，在后面章节我会向大家详细介绍如何撰写商业计划书、商业路演等方法。当然，无论用什么方法，你的目标都是让投资人能够快速理解你的产品，并对其产生浓厚的兴趣。这样你才能更好地"秀"出你的产品价值，为你的创业之路赢得更多的支持和资源。

让产品决胜市场的"金三角法则"

现在,我们再回到本章开篇的问题,你是否有了一丝丝启发或答案呢?

再次思考,在市场竞争日益激烈的今天,为何有些产品能够脱颖而出,成为人人追捧的爆品,而有些产品却默默无闻?这背后的原因,除了产品质量和创新之外,更关键的是市场营销的策略。像元气森林、小米移动电源等成功案例,它们之所以能够在市场中大放异彩,正是因为巧妙地运用了打造爆品的"金三角法则"。

打造爆品的核心密码

"金三角法则"是一个强大的市场营销策略框架,它主要包括三个核心法则:痛点法则、尖叫点法则和爆点法则,详见图 5-2 所示。这三个法则相辅相成,共同构成了产品在市场中取胜的关键。接下来,我将详细解读这三个法则,帮助创业者更好地理解并运用它们。

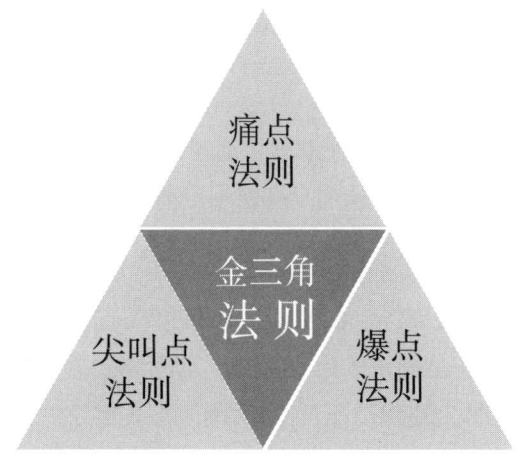

图 5-2 金三角法则

1. 痛点法则:深入洞察用户需求

在创业过程中,真正理解并抓住用户的痛点至关重要。痛点法则实质上是一种用户战略，它要求我们将"用户至上"的理念贯穿于整个价值链和日常行动中，而不仅仅是停留在口头上。

以张女士为例，她是一位全职太太，负责照顾家里的两个孩子。她的日常生活被孩子的起居饮食、接送上学等家务事完全占据，甚至没有时间和精力去追求自己的事业。张女士的痛点就是缺乏个人时间，她的生活完全被孩子和家庭所牵绊。这不仅仅是张女士个人的问题，而是许多忙于家庭生活的女性的共同痛点。

作为创业者，我的建议是产品研发应该致力于解决这类用户的痛点。在研发过程中，我们可以遵循一个公式：场景＋角色＋产品。在张女士的例子中，场景是全职妈妈带娃的日常挑战，角色包括母亲和两个孩子。我们需要找到一个能够结合这些场景和角色的产品解决方案，并通过深入的市场调研来收集数据，指导产品的研发。

但值得注意的是，在识别到用户的痛点之后，我们需要仔细评估这个痛点是否值得投入资源进行产品研发。同时，我们还需要考虑产品上市后的市场接受度、销量预期等因素，确保我们的创业项目既具有社会价值，又能实现商业成功。

2. 尖叫点法则：打造极致产品体验

在如今产品同质化竞争愈发激烈的市场环境中，要想让你的产品脱颖而出，就必须追求极致的产品体验，让用户在使用产品的过程中发出由衷的尖叫。那么，如何才能实现这一点呢？

首先，设计产品时要秉持零容忍的态度，对产品的任何瑕疵都不能容忍。无论是小到一个缺陷，还是操作体验上的微小停顿，都应当被视为不可接受的缺陷。在产品的核心功能和流程设计上，更不能有任何妥协。只有这种对极致的追求，才能确保产品为用户提供卓越的体验。

产品的核心功能是它的立身之本。除非进行重大的版本升级，且这种升级改变了产品的整体方向，否则必须确保核心功能的稳定性和可靠性。任何对核心功能的改动都应慎之又慎，以免破坏用户的信任和使用习惯。

附属功能虽然可以为产品加分，但并不意味着功能越多越好。相反，有选择地增加附属功能才是明智之举。过多的功能可能会让用户感到困惑，迷失在繁多的非核心功能中，从而无法满足他们使用产品的主要需求。因此，创业者需要精心挑选和设计附属功能，确保它们能够真正为用户带来价值。

以微信群为例，微信团队在一次升级中巧妙地解决了用户的一个痛点。当时，微信群聊人数一多，就容易出现混淆身份的情况。为了改善这一体验，微信团队在群聊人数超过一定数量时，自动开启显示群成员昵称的功能。这一改动既提升了用户体验，又保留了微信熟人社交的策略，可谓是一举多得。

3. 爆点法则：引爆市场的营销策略

爆点法则是打造爆品的关键，它要求企业运用互联网营销的智慧来激活市场，而非依赖传统的广告宣传。通过社交营销的策略来强化产品的影响力，而不是仅仅依靠明星的代言效应。实施爆点法则，可以遵循以下三个步骤：

首先，精准定位核心用户群体。

信息的传播在具有共同兴趣和属性的群体内效率最高。

其次，提升用户的参与感和归属感。

营销不仅仅是传递信息和销售产品，它更像是一场精心策划的演出，通过持续的仪式化活动，增强用户与品牌的情感连接。

例如，小米经常举办的"爆米花"活动，通过开放参与节点，让米粉们自主选择活动地点，设计互动环节，甚至编排并表演节目。这些充满仪式感的安排让米粉们感受到荣誉和归属感，进而通过社交媒体将这份体验传播给更多的人。

最后，巧妙运用事件营销。

当下热点事件蕴含着丰富的情绪和价值观，具有极高的传播潜力。

在爆点法则中，事件营销是一个关键环节，它能够帮助企业或产品迅速抓住公众的注意力（详见表5-1）。

表 5-1　某运动品牌的事件营销过程

某新兴运动品牌借势大型体育赛事进行事件营销	
背景与策划	近年来，随着健康生活方式的兴起，越来越多的人开始关注体育运动。某新兴运动品牌看到了这一市场趋势，决定借势即将举行的大型体育赛事进行事件营销
合作与赞助	该品牌与赛事组委会达成合作，成为赛事的官方赞助商，获得了在赛场、媒体和广告中的曝光机会
限量版产品推出	为配合赛事主题，品牌推出了限量版运动装备，设计上融入了赛事元素，增加了产品的独特性和收藏价值
线上线下互动	通过社交媒体平台，品牌发起了一系列与赛事相关的互动活动，如预测比赛结果、分享观赛体验等，吸引了大量粉丝参与
运动员代言	签约参赛的知名运动员作为品牌代言人，通过他们在赛事中的表现和影响力，进一步提升品牌的知名度和美誉度
成果与影响	销量提升：限量版产品一经推出便受到热捧，销量大幅增长
	品牌曝光度增加：通过赛事赞助和运动员代言，品牌在各大媒体和社交平台上的曝光度显著提升
	粉丝互动增强：线上线下互动活动吸引了大量粉丝参与，增强了品牌与消费者之间的互动和黏性

大消费行业营销战法

说到营销，就不得不提到今天的消费升级与营销升级。

在市场营销的世界中，仅仅获得流量是不够的，能够将这些流量有效转化为实际销售或品牌价值，这样的营销活动才能被认为是成功的。流量变现是营销活动的终极目标，它体现了营销策略的有效性和市场推广的实际成果。

随着时代的变迁和科技的进步，营销方式也在不断演变。

传统营销主要依赖传统媒体广告和线下渠道来推广产品。这种方式虽然覆盖面广，但精准度和互动性相对较低。

新式营销则融合了品牌建设、IP 打造、新媒体营销以及线上线下的全渠道策略。这种方式更加注重与消费者的互动，提高了营销的精准度和效果。

做好新营销的关键在于通过以下几点,与市场和用户建立有效连接。

1. 占一个词

在大消费行业中,占领一个关键词对于品牌建设至关重要。这不仅能够让消费者迅速将品牌与特定产品或属性联系起来,还能在竞争激烈的市场中脱颖而出。

- 大白兔与奶糖紧密相连,一提及大白兔,消费者自然会想到奶糖;
- 东鹏特饮成功地将自己定位为功能饮料,满足了特定消费者的需求;
- 元气森林则与无糖饮料紧密相连,迎合了健康饮食的趋势。

2. 定一个价

定价策略是营销中极为关键的一环。合理的定价不仅能体现产品的价值,还能吸引目标消费者,同时保证企业的利润空间。

3. 找一群人

在营销中,精准定位目标消费者群体至关重要。了解他们的需求、喜好和消费习惯,有助于制定更加精准的营销策略。

(1)新消费者主流用户画像

随着社会的发展和消费观念的变化,新消费者主流用户画像也在不断变化。他们更加注重个性化、品质化和体验化,对产品的要求也更加多元化和高端化。

(2)中国消费分级会越来越明显

随着经济的发展和消费者需求的多样化,中国消费分级现象将越来越明显。不同层次的消费者有着不同的消费观念和购买力,因此,企业需要针对不同层次的消费者制定相应的营销策略。

（3）新中产的两大消费需求

新中产阶层作为当前社会的重要消费群体，他们的消费需求主要体现在两个方面：

努力打拼后的自我奖励：新中产阶层在努力工作、打拼之后，希望通过消费来奖励自己，提升自己的生活质量。他们更倾向于选择高品质、有品位的产品和服务来犒劳自己。

成为更好的自己：新中产阶层注重个人成长和提升，他们希望通过消费来学习新知识、新技能，提升自己的综合素质。因此，他们更加关注教育、培训、健康等领域的消费。

此外，不同的消费圈层也有自己的消费逻辑。

其一，新中产消费逻辑：谁让我爽我买谁

新中产的消费逻辑可以概括为"谁让我爽我买谁"，这种逻辑主要体现在以下几个方面（详见表5-2）。

表5-2 新中产消费逻辑

新中产消费逻辑	
品质消费	新中阶层更倾向于消费高品质、高品位的产品。他们不仅看重产品的实用性，还注重品牌和设计感。例如，新中产可能会选择有品质保证的高端品牌，或者具有独特设计风格的产品，以满足他们对品质生活的追求
生活品质和健康追求	新中产阶层非常注重生活品质和健康，因此他们在消费时会倾向于选择那些能够提升生活品质和促进身心健康的产品或服务。如有机食品、健身课程、户外装备等，这些都是新中产阶层为了提升生活品质和健康而愿意消费的项目
文化和审美需求	新中产阶层通常具有较高的文化素养和审美能力，因此他们在消费时会注重产品的文化内涵和审美价值。比如，他们可能会购买艺术品、参加音乐会或戏剧表演等文化活动，以满足自己的精神文化需求
环保和可持续性	新中产阶层对环保有着较强的意识，他们在消费时会倾向于选择环保、可持续性的产品。例如，购买节能电器、使用环保材料制成的产品等，这些都是新中产阶层为了支持环保和可持续发展而做出的消费选择
高科技产品的使用	新中产阶层通常对高科技产品有着浓厚的兴趣和使用习惯。他们会关注科技的发展和应用，并愿意购买最新的高科技产品。如智能手机、智能家居设备等，这些高科技产品能够提升新中产阶层的生活便利性和舒适度

新中产的消费逻辑主要是基于品质、生活品质与健康、文化与审美、环保与可持续性以及高科技产品的追求。他们在消费时会注重产品的品质和设计感，追求高品质的生活方式，关注文化和审美价值，支持环保和可持续发展，并热衷于使用高科技产品。这些消费逻辑共同构成了新中产阶层独特的消费观念和行为模式。

其二，小镇青年的消费逻辑：谁流行我卖谁

小镇青年的消费逻辑在很大程度上受到流行趋势的影响，可以概括为"谁流行我卖谁"。他们的消费行为特点如下（详见表5-3）。

表5-3 小镇青年的消费逻辑

小镇青年的消费逻辑	
追求时尚与潮流	小镇青年热衷于追求时尚潮流，容易受社交媒体和网红影响。例如，通过抖音、快手等短视频平台以及小红书等社交购物分享平台，他们能够快速捕捉到当前的流行趋势，并跟随购买
海淘与跨境电商	跨境电商的发展让小镇青年能够更方便地接触到海外的流行商品。根据相关数据，三四线城市居民在跨境电商消费上展现出了巨大的潜力，甚至在某些方面超过了一二线城市居民
汽车消费	汽车作为小镇青年出行的"标配"，其消费水平的提升也反映了他们对于流行趋势的追求。特别是在中端汽车消费市场，三四五线城市的增长最为显著

其三，年轻辣妈的消费逻辑：闺蜜买啥我买啥

年轻辣妈的消费逻辑则更多地受到亲友和社交圈子的影响，可以简单概括为"闺蜜买啥我买啥"。她们的消费行为特点如表5-4所示。

表5-4 年轻辣妈的消费逻辑

年轻辣妈的消费逻辑	
信任亲友推荐	年轻妈妈在消费决策过程中，更信赖来自亲友的推荐，这种口碑传播在她们的消费行为中占据重要地位
重视品质和实用性	虽然受到亲友影响，但年轻妈妈在消费时仍然非常注重产品的品质和实用性。她们会为品质买单，并倾向于选择安全、实用且耐用的商品

续表

年轻辣妈的消费逻辑	
理性消费	与一些冲动的消费行为不同,年轻妈妈在消费前会进行充分调研和比价。她们中的大多数人会理性地下单购买,显示出较为成熟的消费观念
国货偏好	随着"中国制造"向"中国智造"的转变,越来越多的年轻妈妈开始关注并购买国货母婴品牌。这既体现了她们对品质的追求,也反映了国货品牌的崛起和影响力

可见,小镇青年和年轻辣妈在消费逻辑上各有特点,但都受到了社交媒体、亲友推荐以及市场趋势的深刻影响。

在这个用户为王的时代,"金三角法则"以其前瞻性的视角,成功地将企业从"以公司为中心"的传统观念中解放出来,转而聚焦于用户的真实体验和需求。它提醒我们,一切产品和服务的出发点都应是满足用户的期望和需求。只有当我们将用户思维贯穿始终,深入挖掘并响应用户的每一个细微需求,才能打造出真正触动人心的产品,提供更有价值的服务。

适度颠覆引尖叫,过度颠覆成惊吓

颠覆,并非字面意义上的翻转世界,而是在用户预期之外,创造出新的价值体验,从而激起用户内心深处的好奇与探索欲望。在创业的道路上,适度的颠覆能够为用户带来惊喜,引领市场的风向标,而过度的颠覆则可能让用户感到不安和排斥,甚至对品牌产生负面印象。

换句话说,颠覆并非无节制地破旧立新,而是要在用户可接受的范围内进行合理的创新。这种创新既能满足用户的现有需求,又能引领他们探索未知的可能性。

适度的颠覆,就像是在平静的湖面上投下一颗石子,激起的涟漪能吸引用户的目光,引发他们的好奇心和探索欲。而过度的颠覆,则可能像是一场突如其来的风暴,让用户感到惊恐和不安,甚至对品牌产生怀疑和抵触情绪。

创业者在追求颠覆性创新时，必须谨慎把握颠覆的度。要在深入了解用户需求和市场趋势的基础上，进行合理的创新，为用户带来真正的价值和惊喜。同时，也要时刻关注用户的反馈和市场的变化，及时调整策略，确保颠覆性创新能够真正落地生根，为用户和市场带来积极的影响。

颠覆从来都不是简单地推倒重来

颠覆，并非简单地推翻重来，而是在用户预期之外，以独特的视角和创新的方式，创造出令人眼前一亮的价值体验。

Skims，这个由全球网红一姐金·卡戴珊联手创立的内衣品牌，正是通过适度颠覆创新的策略，成功激发出用户的好奇与探索欲望，赢得了市场的尖叫。

在塑身内衣市场，传统品牌往往过于注重塑形效果，却忽视了不同身材女性的需求。Skims敏锐地捕捉到了这一市场空白，以"对各类身材的女性无限包容"为品牌理念，打破了塑身衣的刻板标准。尺码涵盖范围从xs到xxxxl，照顾到不同肤色女性的着装需求，甚至为内衣设计了9种肤感裸色。这种适度的颠覆，不仅让Skims在视觉上给人以新颖感，更在功能上满足了广大女性的实际需求，从而赢得了消费者的青睐。

Skims在创新过程中，始终保持着对消费者需求的敏锐洞察，以适度颠覆为策略，既满足了消费者的好奇心，又没有超出他们的接受范围。这种恰到好处的创新，让Skims在竞争激烈的市场中脱颖而出，成为消费者心中的优选品牌。

颠覆性产品，无论其创新程度如何，都必须确保消费者能够直观理解其用途和价值。这一点至关重要，值得每一位创业者深思。

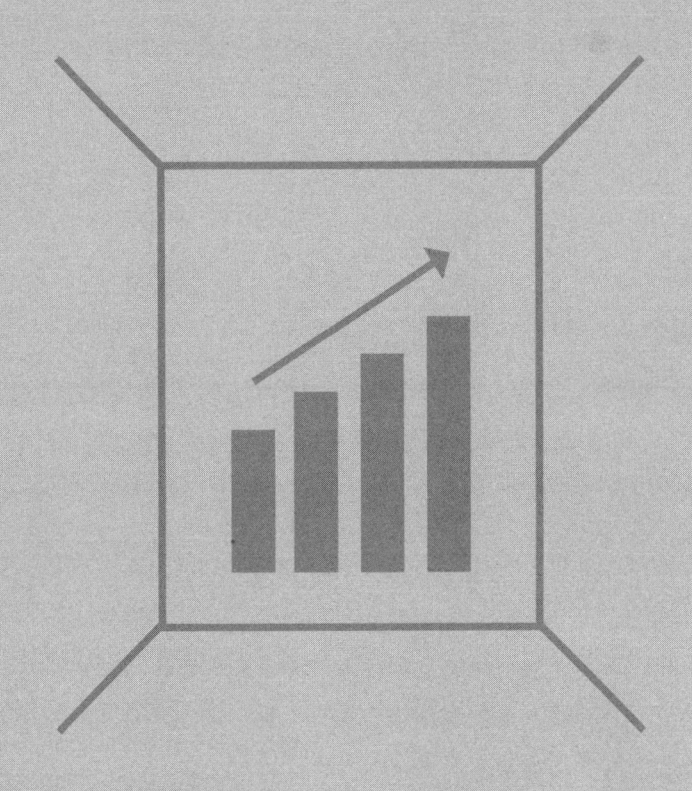

06

靠什么赚钱：
可复制的标准化商业模式

───────────────────

  对于投资人而言，一个清晰、可行的商业模式是他们评估一个创业项目是否具有投资价值的重要考量因素。因为一个标准化且可复制的商业模式不仅代表着企业能够在短时间内实现快速扩张，也意味着风险的可控和盈利的可持续性。

  一个好的商业模式能够使得企业在不断变化的市场环境中保持稳健的步伐，减少经营风险，提高盈利能力。他们更倾向于投资那些已经找到或者正在寻找这样一种商业模式的创业团队：既能够适应市场需求，又能够抵御潜在的竞争压力。

  本章聚焦于如何构建和优化一个可复制的标准化商业模式，以满足投资人的期望，同时也为创业者自身创造长期、稳定的商业价值。力求为创业者提供一个全面而实用的指南，助力他们在创业的道路上走得更远。

可复制的模式才有更广阔的未来

在创业的路上，许多人都曾面临过这样的困惑：为什么有些企业从一开始就注定无法长久？为什么众多中小企业始终难以突破发展的瓶颈，无法实现规模化？尽管这些问题看似复杂，但归结起来，其中一个核心原因便是商业模式的可复制性。

一个成功的商业模式，通常是可复制的。这意味着该模式能够在不同的市场、不同的环境下被成功地复制和实施，从而实现企业的快速扩张和持续增长。缺乏可复制性的商业模式，往往只能在特定的环境或条件下成功，一旦环境发生变化，企业便可能陷入困境。

为什么可复制的商业模式如此重要？

首先，可复制性意味着企业能够快速占领更多市场，实现规模化经营。当企业的商业模式能够在多个地区、多个市场被成功复制时，其市场份额和影响力自然会随之扩大。其次，可复制的商业模式有助于降低企业的运营成本。通过在不同地区复制成功的经营模式，企业可以更有效地利用资源，实现规模效应，从而降低单位产品的成本。最后，可复制的商业模式能够增强企业的抗风险能力。当某个市场或地区出现波动时，企业可以迅速调整策略，将资源投向其他有利可图的市场或地区，从而保持稳定的盈利能力。正如管理学大师彼得·德鲁克曾指出的当今企业之间的竞争，不是产品之间的竞争，而是商业模式之间的竞争。

可复制的模式：构建企业美好未来的基石

为了让大家更直观地理解这一点，让我们来看一个当前市场中的真实案例。

大家都知道，中国目前已有不少餐饮公司成功上市。这些公司相较于未上市的中小企业，无疑拥有更多的资金和资源。然而，有趣的是，我们很少看到这些上市餐饮公司做大量的广告。这是为什么呢？

与此同时，另一些餐饮品牌，如肯德基、麦当劳等，却频繁地出现在我们的视线中。他们的广告无处不在，店铺也遍布各个角落。那么，问题来了：为什么同样是上市公司，同样拥有刚需的市场和客户群体，却在广告策略上有如此大的差异？

答案就在于他们的业务模式。中国的传统餐饮，强调的是个性化定制和经验之谈。每道菜的味道都可能因为厨师的手法、心情等因素而略有不同。这种独特性虽然吸引人，但却难以复制和标准化。

相反，像肯德基、麦当劳这样的快餐品牌，他们的产品、服务，甚至出餐时间都是标准化的。无论你在哪个城市、哪家店铺，吃到的食物味道都是一致的。这种标准化和可复制性不仅让他们能够快速扩张，还大大降低了成本和风险。

一个好的商业模式应该能够快速自我复制，同时在短期内难以被他人模仿。这似乎有些矛盾，但实际上，在快速扩张的商业环境中，通过并购和整合，优秀的商业模式往往得以在新企业中复制，推动企业不断壮大。可复制的商业模式首先应满足以下六个方面的基本要求（详见表6-1）。

表6-1 可复制的商业模式应满足的六个基本要求

一个可复制的商业模式应满足的六个要求	
精准锁定目标客户	深入了解目标客户的隐性核心需求，并描绘出具体的应用场景
实现收益倍增	通过商业模式的盈利模型重组和创新，实现收益的快速增长
革命性降低成本	在保持或提升服务质量的同时，寻求成本的大幅降低，这并非简单削减开支，而是通过创新方式实现成本结构的优化
确保可复制性	商业模式应具备自我复制的能力，同时在复制过程中保持独特性，防止被轻易模仿

续表

一个可复制的商业模式应满足的六个要求	
掌握控制力与定价权	优秀的商业模式应对市场和客户具有强大的控制力和定价权,确保竞争优势
构建系统性价值链	以平台思维和生态思维为基础,打造完整的价值链,形成生态系统

以沃尔玛为例,其通过"天天平价"的核心理念,实现了成本的革命性降低和快速复制,从而获得了巨大的成功。同样,如家酒店通过去除不必要的服务和大堂等设施,专注于提供舒适的住宿体验,也实现了成本的降低和快速扩张。再如东阿阿胶,通过控制上游资源——养驴业,牢牢把握了阿胶市场的定价权和控制力,从而确保了其商业模式的持久竞争力。

总之,构建一套可复制的商业模式需要深入洞察市场需求、创新盈利模型、优化成本结构、确保独特性、掌握市场控制力和定价权,并构建完整的生态系统。只有这样,才能在竞争激烈的市场中脱颖而出,实现企业的持续发展和壮大。

在验证模式的可行性时,战略定位确实是一个关键步骤,其中品类定位和用户定位是两大核心。品类定位有助于企业在市场中找到独特的位置,并使其产品或服务与竞争对手区分开来。

以下是根据品类定位的三大步骤,我们结合盒马鲜生与叮咚买菜的案例进行分析:

第一步:找到一个竞争对手

在这个案例中,我们选择盒马鲜生和叮咚买菜进行比较。两者虽然都是生鲜电商,但各自有不同的特点和定位。

第二步:找到对手的用户对于对手的审美疲劳

对于盒马鲜生和叮咚买菜来说,这一步需要深入了解对方用户可能存在的需求和不满。例如,盒马鲜生可能发现叮咚买菜的用户在某些方面存在需求未被完全满足,如产品种类、质量、配送速度等。同样,叮咚买菜也可能发现盒马鲜生的用户在价格、促销活动等方面有一定的审美疲劳。

第三步：差异化价值四大切割法则（详见表6-2）

表6-2 差异化价值四大切割法则

差异化价值四大切割法则	
从市场认知空白点切割	盒马鲜生更注重线下体验与线上购物的结合，提供高品质的食材和服务，以及丰富的海鲜产品。这可以填补市场对于高品质生鲜食品的需求空白；叮咚买菜则更侧重于提供便捷的线上购物体验和快速的配送服务，满足消费者对生鲜食品即时送达的需求
从品类价值创新点切割	盒马鲜生通过源头直采、高品质食材，以及独特的线下体验店等方式进行创新，提供与众不同的购物体验；叮咚买菜通过优化供应链、提高配送效率，以及丰富的促销活动等方式进行价值创新
从精准用户细分点切割	盒马鲜生的目标用户是追求高品质生活的中高端消费者，他们更注重产品质量和购物体验；叮咚买菜的目标用户是追求便捷性和性价比的消费者，他们更注重快速的配送服务和实惠的价格
从客户心智价格点切割	盒马鲜生通过提供高端、高品质的生鲜食品来树立其品牌形象，并在消费者心中形成一定的价格预期；叮咚买菜则通过实惠的价格和快速的配送服务来吸引对价格敏感的消费者

品类定位的三个步骤可以帮助企业找到与竞争对手的差异化点，从而更好地满足消费者需求并占据市场优势。

测试你的商业模式：八项评估标准

以下是我为创业者们设计的商业模式评估标准，你可以通过回答以下问题来测试你的商业模式的强度和潜力。

每个问题的答案如果为"是"则得1分，"否"则得0分。

- 你的商业模式是否具有独特性，能够帮助你避开激烈的市场竞争？

- 你的商业模式是否易于自我复制，以便于快速扩张？

- 你的商业模式是否能够简洁明了地阐述，使得他人易于理解，但难以直接模仿？

- 你的商业模式是否能够确保企业稳定且可预测地达到销售额和利润目标？

- 你的商业模式是否设计了多元化的收入流，以在同一运营体系下实现多重收益？

- 你的商业模式是否吸引了多方利益相关者，从而形成一个共生的商业生态系统？

- 你的商业模式是否能够保证企业现金流的充足与稳定？

- 与同行业相比，你的商业模式是否能够实现更高的利润率？

根据得分，你可以这样评估你的商业模式：

0-3分：当前的商业模式面临挑战，可能需要进行深度的反思和调整。企业负责人可能会感到压力和不确定性。

4-6分：商业模式在某些方面表现良好，但仍有改进空间。企业可能面临一些运营上的挑战，但整体战略和方向是正确的。

7-8分：商业模式非常成功，与企业的现状高度匹配，正在推动企业快速发展。此时，企业应专注于优化当前模式，以实现更大的增长。

记住，一个成功的商业模式往往需要经过多次的试错和调整才能达到完美。在创业初期，不必过分追求完美，更重要的是确保企业的生存和盈利能力，然后再根据实际情况进行逐步地优化和迭代。

让投资人看到未来百倍回报的可能性

当创业者向投资人展示自己的商业模式时，核心焦点应该是盈利潜力和增长空间。作为投资人，我首要关注的是这个项目未来能带来多少实质性的回报。因此，创业者提供的盈利预测不仅需要具有科学依据，还需保持客观中肯，避免过于保守或夸大其词，这样才能真正吸引投资人的目光。

盈利预测通常涵盖假设条件、预测财务报表及其结果分析三大部分，每一环节都需精心设计。而在这其中，预测财务报表无疑是我最为看重的一环。为了构建一份详尽的利润表，企业必须确保其月度、季度乃至年度的财务状况一目了然。销售额、成本费用以及毛利率等关键数据，都是评估项目盈利能力和投资潜力的重要指标。

通过清晰、准确地展现这些财务数据，创业者不仅能够增强投资人的信心，还能为自己的项目赢得更多投资机会。

使盈利模式落地，别总是说空话

对于投资人而言，一个能够实际落地并产生稳定收益的盈利模式，远比纸上谈兵更有吸引力。虽然项目的盈利预期和理论模型都很重要，但如果不能将这些转化为实际的收入和利润，那么再好的预测也只是空谈。投资人需要看到的是实实在在的回报，而不是仅仅停留在纸面上的美好愿景。

近年来，电动汽车充电网络的建设和运营成了一个热点领域。以"闪电充电"为例，这是一家成立于2022年的初创企业，专注于为电动汽车提供快速、便捷的充电服务。在初创阶段，他们就明确了自己的盈利模式：通过在城市热点地区建设充电站，并向电动汽车车主提供收费充电服务来盈利。

然而，仅仅有盈利模式并不够。在运营初期，"闪电充电"面临着巨大的资金压力和市场推广难题。为了将盈利模式落地，他们积极寻求外部融资，并不断优化充电站点的布局和服务质量。同时，他们还通过与电动汽车制造商合作，将充电服务整合到车载导航系统中，从而提高了用户的使用便捷性。

经过一年多的努力，"闪电充电"已经在多个城市成功落地并实现了盈利。他们的成功吸引了众多投资人的关注，也为其他创业者提供了一个将盈利模式从理论转化为实践的成功范例。

作为创业者，不仅要设计出有吸引力的盈利模式，更要关注如何将其落地实施。只有通过实践检验的盈利模式，才能真正吸引投资人的目光并获得他们的支持。

不同的企业盈利模式，其落地的难易程度也各不相同。一些企业能够迅速而顺利地实现盈利模式的落地，而有些企业则可能因为对自身盈利模式的难度估计不足而遭遇困境。为了确保项目的成功落地并避免不必要的损失，企业应首先对自身项目的实施难度有一个科学的评估。

1. 验证价值主张的有效性

在创业过程中，验证价值主张是至关重要的。以理发店为例，要验证的价值主张可能包括：顾客是否真的愿意来店内理发？他们是否愿意办理会员卡？以及他们是否会成为回头客？这些都是验证价值主张的关键指标。

创业者应避免陷入"万事俱备"的陷阱，即过分追求完美而迟迟不行动。比如，不必等到APP完全开发完成并经过多次优化更新后才推向市场。如果市场反馈不佳，那么所有的投入都可能化为乌有。

2. 确保可持续地增长

除了验证价值主张外，还需要验证增长假设。这意味着，一旦顾客使用了你的产品或服务，他们应该会感到满意，并且能够吸引更多的新用户加入，从而保持产品或服务的持续增长。对于线下店面来说，高昂的成本使得解决增长问题尤为重要。

3. 明确盈利路径与回报周期

投资的本质是一门生意，而生意的核心在于盈利。在向投资人展示项目时，创业者必须清晰地阐述自己的盈利模式以及如何实现盈利的"弯道超车"。在中国市场，对项目的盈利要求尤为严格，投资者往往更看重短期的投资回报而非技术追求。因此，创业者需要确保自己的项目能够快速实现盈利，并给投资者带来可观的收益。

在确保了盈利模式的顺利落地，并经过科学的验证与增长规划后，你的项目就已经为未来的成功奠定了坚实的基础。对于投资人来说，这不仅意味着项目的稳健性和可持续性，更重要的是，它昭示着百倍回报的巨大潜力。当你的项目在市场上站稳脚跟，并实现持续增长时，那些早期的投入将会转化为可观的收益，为投资人带来丰厚的回报。因此，我们坚信，只要创业者能够认真执行上述策略，并积极应对市场挑战，未来百倍回报绝不是遥不可及的梦想，而是触手可及的现实。

讲不清楚靠什么赚钱的模式就是失败

在自由市场经济中，一个明确且有力的盈利模式对于任何企业或团队而言都是至关重要的。盈利模式不仅仅是描述如何赚钱，它更是一个综合的商业框架，涵盖了利润的实现、获得及分配等诸多方面。简而言之，盈利模式就是展示给投资人看，你的企业如何通过有效整合资源来创造和获取价值。

盈利模式的核心在于明确企业的收入结构、成本结构以及预期的目标利润。一个成功的盈利模式需要能够清晰地回答以下几个关键问题：产品或服务的成本是多少？预期的收益点在哪里？收入来源有哪些？以及预期的利润率是多少？

在初创阶段，许多企业的盈利模式可能是自发形成的，随着企业的发展和市场的变化，这种盈利模式需要不断地进行调整和优化。因此，作为创业者，你需要时刻关注市场动态，灵活调整策略，以确保盈利模式的持续有效性。

当面向投资人展示你的项目时，务必清晰地阐述你的盈利模式。让投资人了解你的产品或解决方案未来如何创造收入，如何控制成本，以及你预期的利润水平。这不仅有助于增强投资人对项目的信心，还能让他们看到投资你的项目可能带来的丰厚回报。记住，对于投资人来说，一个明确且可行的盈利模式是他们决定是否投资的重要因素之一。

找到你的盈利点是吸引投资人的关键

不同的企业盈利模式或许在形式上各异，但它们的核心盈利点是有共通性的，主要可以归结为以下六大类，详见图 6-1 所示。

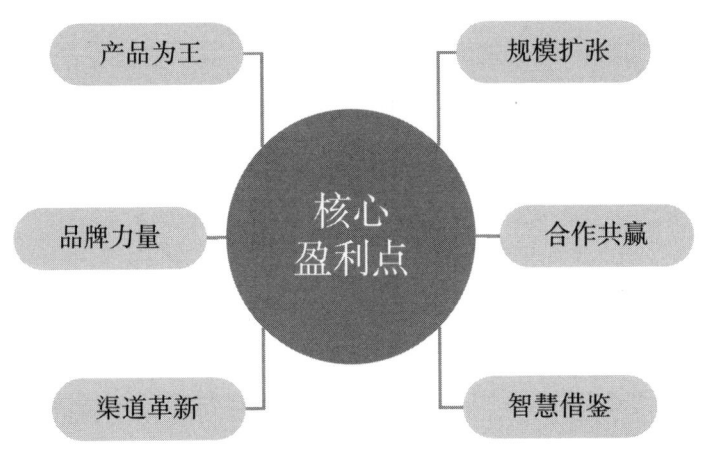

图 6-1 寻找盈利点

1. 产品为王

优质的产品是满足客户需求、创造价值的基础。通过持续改进产品的质量、满足用户需求、提升性价比以及推动创新，可以有效实现盈利目标。例如，当今的智能手机市场，各大品牌通过不断推出具备新技术和新功能的产品，来吸引消费者。

2. 品牌力量

强大的品牌影响力能够提升产品的附加值。对于已经建立起品牌效应的企业，可以通过设定更高的价格和利用广泛的受众基础来增加盈利。初创企业虽然一开始可能难以达到这种效果，但通过积极收集市场反馈并据此调整策略，也能逐步建立起自己的品牌。

3. 渠道革新

在数字化时代，新兴的网络渠道正逐渐取代传统渠道。通过减少中间环节，如采用直销模式或多级分销商模式，企业可以有效降低成本，从而提高盈利水平。以"苏宁易购"为例，其通过直接销售商品给用户，避免了烦琐的分销层级，提升了效率。

4. 规模扩张

通过扩大产品规模、实现跨行业发展等战略，企业可以进一步拓展市场份额，实现销售利润的最大化。线上线下融合、跨界合作等都是实现规模扩张的有效途径。

5. 合作共赢

通过与其他品牌合作，结合各自的卖点，可以达到单独销售无法达到的效果，从而实现共赢。联名款产品就是这种策略的典型应用，通过结合不同品牌的客户群体，共同扩大市场份额。

6. 智慧借鉴

初创企业常常通过借鉴其他产品的优点来快速切入市场。但借鉴并不意味着简单地模仿，而是要在借鉴的基础上融入自己的创新元素，形成独特的产品魅力。

为了吸引投资人的关注，创业者需要在商业计划书中清晰、直接地展示自己的盈利模式。这包括从独特资源、卓越运营、出色营销以及资本运作等多个维度对盈利模式进行深入分析。同时，一个长期的发展计划是保证盈利模式持续盈利的关键。没有这样的计划，盈利模式很难实现长期稳定的收益。

毫无疑问，一个清晰明确的盈利模式是至关重要的。它不仅是企业稳定发展的基石，更是吸引投资人目光的磁石。创业者必须能够清楚地阐述自己的赚钱逻辑，让投资人看到你的商业计划具备可行的盈利路径。记住，讲不清楚靠什么赚钱的模式，从一开始就注定了失败的结局。构建并不断优化你的盈利模式，才能在激烈的市场竞争中站稳脚跟，赢得投资人的信任与支持。

市场蛋糕有多甜：推销你的业务模式

一个精心设计的盈利模式能够让你的项目从"空谈"变为"实干"，从而激活投资人的投资欲望。但这只是第一步，接着，你还要想办法推销你的业务模式，让对方"上瘾"，坚信把橄榄枝投向你是正确的选择，唯有加入你这个项目，才能在市场中分得更大、更多、更甜的蛋糕。

以下几种常见推销模式，总有一款适合你

以下是几种常见的推销模式，或许其中一种或几种结合能为你所用，详见图 6-2：

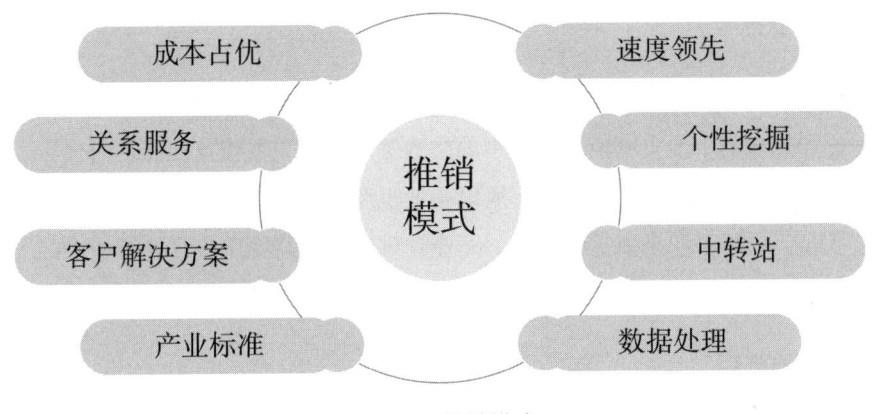

图 6-2　推销模式

1. 成本占优

在数字化时代，成本占优不再仅仅是简单的低成本生产。而是通过精益化管理、智能化技术和高效供应链来降低不必要的浪费，实现成本优化。例如，利用物联网技术对生产过程进行实时监控，减少能源和材料的浪费。

2. 关系服务

关系服务模式是指通过与客户建立长期、稳定的关系，为企业获得利润的盈利模式。在这个足不出户便知天下事的时代，一切透明化。关系服务模式的核心除了为客户提供性价比高的产品，重点更应该是为客户提供满意的服务，进而被客户认可。

如果企业采取这个盈利模式，重点介绍企业与客户的需求关系，客户的认可

度，进而获得投资的高概率。关系服务模式就是用户的认可度越高盈利越多。

3. 客户解决方案

客户解决方案模式就是随着客户的需求变化而不断提出解决问题方案的盈利模式。在大环境下，不仅要解决客户的问题，更应该是从客户的角度出发，提前找到他们的需求点。在商业计划书中，突出企业针对客户问题而给出的相应解决方案。

4. 产业标准

通过制定企业的产业标准，提升竞争力进而获得盈利的模式就是产业标准模式，比如热水器中的史密斯、空调中的格力等。当然，在快速发展的时代，产业标准也在根据市场需求不断变化，所以企业也要及时更新产品，确保自己的可以一直立足。如果企业采取这种模式，商业计划书中需要突出自己在行业中的"制高点"。

5. 速度领先

速度领先模式就是通过企业对客户的敏锐洞察力做出比其他客户更快的反应而建立的盈利模式。在商业计划书中如果采取这种模式，要把重点放在速度上，展现出企业能够准确敏锐地把握客户需求。

6. 个性挖掘

在这个宣扬个性的时代里，满足客户个性化的需求是很多企业的选择。个性挖掘模式就是挖掘客户已有的和潜在的需求，进而提供个性化服务并获得盈利的盈利模式。个性挖掘模式的特殊性就是被挖掘对象要有一定的规模，才有可能建立壁垒，防止后来者居上。商业计划书中，企业可以根据自己解决的是哪类需求，来确定市场规模，判断是否达到行业的壁垒。

7. 中转站

中转站模式就是将企业与客户通过一个平台（例如快递行业）联系起来，负责部分沟通，降低双方成本，节约时间，从而获得利润的盈利模式。

在商业计划书中，企业要突出中转站的优点，因为中转站能力越强，客户满意度越高，给企业带来的利益就越多。

8.数据处理

数据处理模式通过运用数据技术，为客户提供更精确的解决办法，一方面降低了企业运作成本，提高了工作效率；另一方面为企业搭建了一个更大的竞争平台。但是企业如果使用这种模式，必须有一个强大处理能力的数据库，保证可以给用户提供相应的服务。

在探索市场蛋糕的"甜美"之处时，我们深入探讨了多种有效的业务模式推销策略。每一种策略都有其独特的魅力和适用性，关键在于创业者能够洞察市场需求，结合自身优势，精准地定位并推销自己的业务模式。通过精心策划和执行，让投资人看到你项目的巨大潜力和长远价值。成功的推销不仅依赖于技巧和策略，更在于你对业务模式的深刻理解和坚定信念。当你能够清晰、自信地传达这一点时，你就已经迈出了赢得市场蛋糕的重要一步。

理解新兴消费主力，赢在新商业模式

在当今数字化浪潮中，我们时常听到"新消费"这一概念，不少传统企业也正努力向数字化转型，然而，对于这一变革的真正内涵和影响，许多人仍感到模糊不清。

新消费，其实质是基于移动互联网技术所塑造的一种全新生活方式。它并非横空出世的新概念，而是在技术发展的推动下，逐渐显现并清晰的一种趋势。其最显著的特点在于提供了更为便捷、简化和有趣的消费体验。同时，新消费领域变化迅速，深深烙印着时代的特色。

多维度理解"新商业"

要准确把握新消费,我们需要从多个维度进行深入剖析。

第一个维度——新消费场景:从线下到线上

传统的线下消费场景正在向线上迁移,品牌营销的方式也随之从传统媒体转向社交媒体。这一转变意味着品牌与消费者之间的互动更加直接和即时。具体体现为:

(1)数字技术的驱动

在数字时代,品牌营销不再局限于传统的"人找货"模式,而是利用数字技术实现"货找人",即根据消费者的浏览和购买历史,智能推荐相关产品。

(2)产品形态的演变

产品逐渐从单一的实物形态向数字形态转变,同时,多场景融合的产品和服务正成为新趋势,满足了消费者更为多元化和个性化的需求。

(3)大数据的应用

新消费时代,品牌营销的价值不仅体现在销售数据上,更重要的是通过大数据洞察消费者的真实需求,从而实现产品和服务的精准定制。

(4)消费者主权意识的提升

在新消费时代,消费者的需求和偏好日益多样化。相较于传统品牌依赖广告抢占消费者心智的做法,现代品牌更注重消费者对产品和服务的实际体验和评价。

第二个维度——新消费人群:Z世代引领消费新潮流

在新消费时代,确实需要深入理解和把握年轻一代新消费群体的消费心理与行为特点,因为他们正逐渐成为消费市场的主力军。特别是Z世代(通常指1995年后出生的人),他们的特点在很大程度上塑造了当今的消费趋势。

Z世代在相对富足的环境中成长，这使他们有更多的资源和机会去追求自己的兴趣和激情。这种富足不仅仅是物质上的，还包括信息和社交资源的丰富。因此，他们对于产品和服务的要求更加个性化和多元化。

爱国情感在Z世代中也非常强烈。他们更加认同和支持国产品牌，这为国货的崛起提供了巨大的市场机会。这种爱国情感也体现在他们的消费选择上，更倾向于选择那些能够体现中国文化元素和价值观的品牌和产品。

独立性是Z世代的另一个显著特点。他们渴望独立思考，不愿随波逐流，这在消费行为上表现为更加注重个性化和定制化的产品和服务。他们不希望被简单地归类或定义，因此在市场营销中，需要更加注重个体差异和多元化的需求。

"颜值"在Z世代的消费决策中也占据着重要地位。他们不仅关注产品的功能和实用性，还非常看重产品的外观设计和包装。一个美观、时尚、有设计感的产品往往更能吸引他们的注意力。

作为创业者，要想抓住Z世代消费者，需要从产品设计、品牌形象到营销策略等各个方面，都充分考虑到他们的这些特点。例如，可以推出具有中国文化元素的产品，或者提供个性化的定制服务，以满足他们对独立性和个性化的追求。同时，注重产品的外观设计和包装，以提升产品的"颜值"，也是吸引Z世代消费者的有效手段。

不仅如此，Z世代的兴趣广泛且多元，包括但不限于音乐、美食、文化娱乐、运动、阅读、游戏以及艺术等多个领域（详见表6-3）。

表6-3 Z世代广泛多元的兴趣爱好

Z世代广泛多元的兴趣爱好	
音乐、美食、运动	他们喜欢尝试各种不同类型的音乐，对美食的追求也很高，短视频和直播等文化娱乐形式深受他们的喜爱。此外，他们还热爱各种运动，注重身体健康和运动能力，并对阅读、游戏和艺术都有浓厚的兴趣
新中式养生	Z世代还十分注重养生，对健康的重视程度日益提高，他们尝试"新中式养生"，即在传统中式养生方式的基础上，融合现代人的生活习惯。

Z世代广泛多元的兴趣爱好	
懒宅经济的忠实用户	Z世代在日常生活中表现出"懒"和"宅"的特点，他们乐于享受上门服务和外送服务的便利，以此节省时间并提高效率
二次元文化的拥趸	他们也是二次元文化的忠实拥趸，热爱玩手机游戏、看动漫等，享受精神上的满足
宠物成"精神寄托"	宠物对于Z世代来说，不仅是陪伴者，更是重要的"精神寄托"，他们为宠物提供精细化的照料，包括宠物吃得健康，以及关注宠物出行、洗澡美容等各个生活细节

第三个维度——新消费趋势："宅经济"的兴起与个性化、圈层化的发展

在当今的新消费时代，我们观察到一个显著的趋势——消费者越来越倾向于"宅"在家中，这一变化催生了"宅经济"的崛起，为企业带来了前所未有的挑战，但同时也孕育着新的机遇。懒宅的本质是花钱买服务。

信息技术的迅猛发展使得消费者能够轻松获取海量信息。通过网络搜索、视频直播等多样化渠道，消费者可以快速地获取所需信息，这一变化极大地丰富了消费者的选择空间，并提升了他们的消费决策能力。

与此同时，社交网络的广泛普及为消费者提供了一个便捷的平台，使他们能够更容易地找到与自己兴趣相投的伙伴，进而形成各种兴趣圈层。这些圈层不仅加深了消费者之间的情感联系，还为他们提供了一个分享、交流和学习的空间。

在"宅经济"的背景下，消费结构也发生了显著变化，消费者越来越呈现出个性化和圈层化的特点。他们对于产品和服务的需求更加多元化和个性化，这要求品牌在营销过程中更加注重人与人之间的连接与互动。

为了应对这一趋势，品牌营销需要从多个方面进行创新。无论是品牌内容的打造、线上活动的策划、线下门店的体验，还是购物方式的革新，都应该以提供个性化服务为核心。此外，消费者在购买决策中，不再仅仅关注产品的品质和价格，而是更加注重产品所带来的社交价值、情感满足和精神共鸣。

作为创业者，紧密关注并灵活应对"宅经济"带来的消费趋势变化，将有助于在激烈的市场竞争中脱颖而出。

第四个维度——新消费品牌构建：以用户为核心的品牌生态圈战略

在当今这个数字化时代，企业进行数字化转型已成为必然趋势。在这一转型过程中，我们必须坚持以用户为中心，积极构建品牌生态圈，进而形成平台化、生态化的全新商业模式。我们只有跳出卖货的维度，才能思考战略。战略是取舍，是次序经济学，而不仅仅是管理学那么简单。

以腾讯的平台为例，众多品牌已通过微信公众号、小程序、QQ 等渠道，巧妙地搭建起属于自己的私域流量池。特别值得一提的是，小程序已成为连接用户与品牌的重要桥梁。借助这一工具，商家不仅可以轻松将用户引流至微信公众号，实现用户的有效沉淀，而且可以在小程序上灵活展示广告、开展直播活动、进行品牌推广等，从而与用户建立更紧密的连接。

面对新消费模式的挑战，企业必须转变传统的经营模式和服务理念。我们需要通过消费升级和服务升级来不断提升自身的竞争力，确保在激烈的市场竞争中立于不败之地。同时，为了更好地满足用户的多元化需求，我们还应积极运用新技术、新材料、新工艺和新装备，为产品注入更多的附加值和创新元素。

可见，新消费趋势无疑是企业转型升级的关键驱动力。只有那些能够积极适应市场变化、紧跟时代潮流、并勇于创新变革的企业，才能在这个日新月异的商业环境中保持长久的活力和竞争力。

在这个快速变化的时代，新兴消费主力军正在引领市场的风向标。作为创业者，我们需要时刻保持敏锐的市场洞察力，紧跟新兴消费主力的步伐，深入理解和把握他们的需求和偏好。新兴消费主力不仅是市场的引领者，更是推动商业模式变革的重要力量。他们的消费习惯、价值观念和购买决策都在不断地塑造着市场的格局。作为投资人，近几年也一直都在关注那些能够敏锐捕捉并满足新兴消费主力需求的创业项目，并乐于给予他们最大的支持。

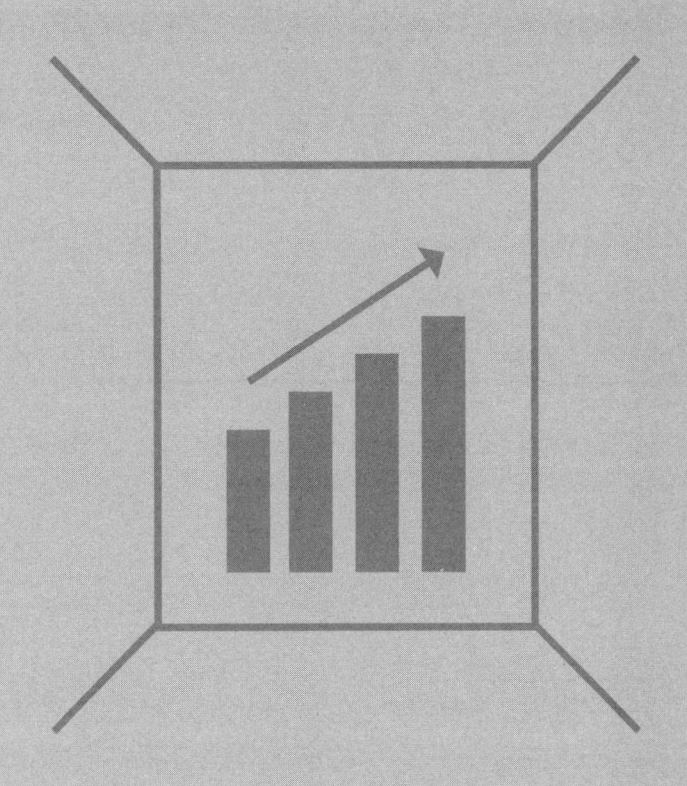

07

能走出多远:
有指数型成长的潜力和市场空间

在当今瞬息万变的商业环境中，众多项目如雨后春笋般涌现，但其中不乏仅是"画大饼"之作，难以持久发展。作为投资者，我们时刻在寻找那些具有巨大潜力的项目，以期实现长期的回报。在这个过程中，对项目的成长潜力和市场空间进行深入的分析和评估是至关重要的。这不仅关系到我们的投资决策，更直接影响到项目的未来发展和行业的竞争格局。

在本章中，我们将探讨如何判断一个项目的成长价值，如何评估其估值防御力，以及怎样考察其增长力和指数型成长的可能性。同时，我们也会关注项目是否具备差异化竞争的能力，能否在激烈的市场竞争中脱颖而出，成为某个领域的行业标杆。

画大饼的项目还能走多远

从某种程度而言，投资就是投未来。而未来的不确定性对投资人而言就是"风险"。

项目唯有具备良好的可成长性，投资才可能成功。尽管投资人的投资标准各异，涵盖很多内容，但回到投资人考虑最多的点，成长性始终是核心。

但在投资领域，我们经常会遇到各种"画大饼"的项目，它们以宏伟的蓝图和巨大的市场潜力吸引着投资者的目光。然而，这些项目究竟能走多远，是昙花一现，还是能够持续稳健地发展，成为我们关注的焦点。

那么，我们如何去评估一个项目究竟是不是在"画大饼"呢？通常我们会着重关注三个基本面。

第一个基本面——人

企业是由人构成的，无"人"则"止"。

确定一个好项目可以落地后，最终还需要人来执行。而作为项目团队的管理者，只有将每个团队成员的工作协调划一，才能提高项目落地的成功率，你的项目才有资本与外界相竞争。

我遇到过的投资者中，很多人上来便大谈战略理论、定位营销，这些在我看来大多是纸上谈兵。新营销理论不断，方案和玩法也都各式各样，一旦涉及项目落地就会问题不断，策划容易落地难成了大多数创业者的共同难题，只能苦恼自叹。

我也常常反思，通过多年投资过的项目来看，一旦出现了项目里一半以上没有执行到位的情况，管理者就要指出问题并找到合理的解决方案，然而检查项目落地有没有存在认知和执行力的错误是主要方向之一。

以下几个技巧，或者说是我们可以有效提高项目落地成功率的 4 个标准（详见图 7-1 所示），希望可以帮助创业者的项目平稳落地，让你的团队也能拥有前沿水平。

项目目标清晰	项目精细化到可落地执行
提高落地成功率的 4 个标准	
调动项目执行者的主观能动性	沟通通畅保证落地顺利

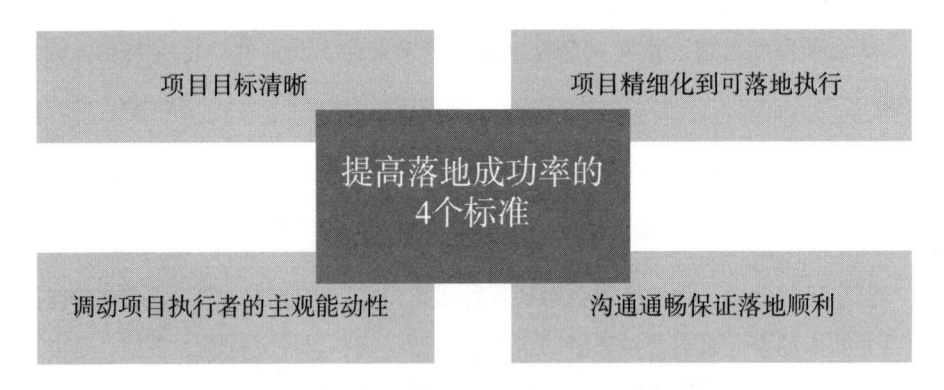

图 7-1　提高项目落地成功率的 4 个标准

1. 项目目标清晰

很多创业者在推行项目前都会制定计划，但目标却是不清晰的。

比如竞价行业里所有的竞价员都会将有吸引力的关键词进行放量操作，例如目标关键词可以定位为"XX 竞价培训"，并将 25 个流量升至 45 个，时间上也有时间节点，这样就可以确定形成了一个清晰的项目目标。

重要的是这个目标决定了你和下属在执行过程时执行的质量，所以我们可以根据 SMART 原则去规划清晰的目标。

S 代表目标的具体性，回到刚才的例子里"提升竞价效果"，按照 SMART 原则，那么目标就可以制定成"在 10 月份将竞价推广的线索成本从 180 元降到 130

元，线索量达到 280 条"。

这样你就会发现目标是可预估的、明确的，并且符合现实情况的，与公司其他的模板相关联却还有时限，做过计划的人应该都懂，这就符合 SMART 原则。

后期再工作时很多工作安排会出现在我们面前，处理的事情也比较多，例如快手抖音短视频、自媒体运营等，作为一专业的营销总监，如果想招聘一个自媒体编辑，这时候你会怎样进行考核呢？

布置任务会影响项目能否顺利地执行下去，从而得到真正想要的成果，所以在布置任务的时候就需要告诉员工"我们需要在 11 月份之前通过自媒体平台、在线问答平台拿到 45 条线索达并且阅读量达到 45W"，并询问员工具体需要怎么做，这样通过询问也会了解员工是否会按照正确的方式进行工作，从而让员工顺利地执行该方案。

一旦我们成为项目的创始人和推行者、管理者，一定不要做口号的施令者，而是要告诉你的下级我们需要达到的目标和结果是什么，让他自己分解工作，并判断能否取得相应结果。作为领导，你的判断同样也是需要以结果为依据的，因此在制定目标的时候一定要具体且详细。

2. 项目精细化到可落地执行

以往我们做多很多的项目计划，偶尔会出现一些意外情况，从而导致项目没有办法顺利进行，出现这种情况就是因为我们在做方案时没有考虑到这样的细节，将目标落地执行，分配到具体执行层，所以才会出现那些意料之外的事情，让我们慌张、束手无策。

拿我投资过的一个案例来分析，一个做指挥教室的项目业绩是 450w 目标，通过营销流程来进行一步步分解，自媒体获取 45 个线索，微信 15 个线索，SEO 渠道 25 个线索，推广人员分成"标题、选题和内容撰写"任务。

当然以上只是一个框架，最终落地执行还需要考虑执行员工的实际情况，将项目精细化，把目标具体到执行者。

比如写一篇文章，选题可能开会讨论只需要 10 分钟，但是找素材却需要一天时间，这涉及很多环节，例如选题、找素材、列大纲、成文、校稿，最终审核等，衡量应该给他们安排多少任务量，安排这些工作是否饱和，效率是否高，结果可以根据反馈回来的阅读量、点击量和转发量进行审核，效率则可以根据一篇原创文章的创作时间进行来判断。

相同类型的案例主要需要细分到执行层，例如找素材时可以判断他会不会浪费时间，业绩达不达标，活动有没有效果，这些都会失败在细节上。

而管理者就需要帮助执行的人划分流程，如果执行的人没有及时完成工作就需要将他们的工作细分到极致，从而找到其中出问题的环节，最后解决问题时，你分解得越精准，解决问题的效果就会越完美。

3. 调动项目执行者的主观能动性

不管是制定的目标还是细化执行，都不会保证一定成功，还是会面临各种各样的问题，项目的问题越多，越会导致失败，结果全盘皆输，那么这就需要管理者能充分调动执行人员的能动性，引导员工主动解决问题，其实很多问题出现，执行人自己就能搞定的。

大多数的员工都会只管好自己的工作，其他的事情抱着事不关己的态度，没有一个主动承担的责任感和工作态度，这也是很多项目出现问题的原因之一。

这时候管理者就需要调动员工的主观能动性，不光要把自己部门的事情做好、做完，还需要帮其他部门的忙，可以采用奖惩激励的制度，或者进行团队建设，这样就会加强部门之间的团队协作能力，促进项目的顺利完成。

4. 沟通通畅保证落地顺利

在这个方面也失败过很多项目，本部门之间有问题了，市场部成交不了，就会抱怨其他的部门，找其他部门的原因，刚开始的时候推广部还能接受，积极地去修改方案，但是进行了一段时间后就会发现根本无法成交，接下来两个部门就会产生冲突。其实遇见问题不要推脱责任，而是去思考如何解决问题，这时就需要一个更有裁决的管理者来解决问题，进行有效的沟通即可。

仔细想想上述4个要点你是否达标，投资人虽然希望项目有创新、创业者有个性，但我们更希望他在真正推行一个项目时，能落地、能坚持、不妥协。

第二个基本面——流程

具体而言是有没有一个有效让项目成功落地的流程变革管理。

近几年流程变革管理的方法论层出不穷，他们都意识到在项目实施的过程中，只专注于项目计划的实施与管理是不够的，更需要有效的变革管理手段，这样不仅会大大提高项目成功落地的概率，还能让更多的项目有效落地。

我遇到过这样一个例子，某公司为达成战略目标，引进高级项目管理人才成立POM（流程管理）部门，集中管理公司的项目资源，统筹项目计划。一段时间后，发现项目经理总是眉头紧锁，抱怨连连。因为原先他们独立管理项目时能够协调好所有事情，而现在要向POM汇报项目情况，开会协调，等待决策，不仅浪费时间又增添很多麻烦。POM也觉得无法真正掌握项目的具体情况，资源调度不顺畅，也无法及时准确地传达指令，这导致的结果是项目进度必然延误，总是超时或超成本完成项目。最后为了项目能够顺利进行，项目的掌控权又交回到项目经理的手中，令其自行管理，POM便浓缩成了一个没有实权的摆设部门。

从上述结果分析，不难看出是因为没有把控好人才，导致项目不能成功落地。项目是技术、流程和人的有机组合，项目经理会在时间、范围、成本等条件限制下推动项目发展。所以争取到如投资人、客户、执行组织、发起人或公众的大力支持，项目才有成功落地的可能。

总结我们稻蓝投资多年的管理经验，我们在调查数千个企业与项目后发现，越早使用流程管理方法，项目成功落地概率越高。

流程管理（Prosci），这套方法论是由美国的变革管理专家Prosci公司提出的理论，该理论认为，项目落地需要技术层面与人员层面相互配合。该理论将变革分为三个阶段，首先是准备变革方法及工具，其次是过程中的管理变革，最后是巩固维持变革成果。从这三个流程出发，能够给组织或个人提供一个有效的指引，使项目能够成功落地。

1. 准备阶段——发起能力

建立发起联盟，负责战略方向的把控和资源分配能力，主要活动如下：

- 第一步，准备项目评估；
- 第二步，项目风险分析；
- 第三步，项目团队分析；
- 第四步，项目阻力分析；
- 第五步，制定项目策略；
- 第六步，确认总体战略；
- 第七步，搭建组织架构；
- 第八步，项目团队建立。

通过发起联盟的建立，制作出以项目发起人为首的项目发展路线图，准确识别团队成员在项目的实施中发挥的极大作用。确保无论何时何地，项目发起人和每个成员都能帮助项目团队找到最关键的沟通对象，达到沟通目的。如此一来在项目初期，发起人能够迅速传达项目期望，让团队清楚项目价值，增加团队向心力。在项目中期能够迅速掌握项目需求的变化，及时调整前进方向。通过对发起人路线图的分析，在项目交付前让客户清楚项目落地后的变化，加快项目落地速度，实现项目价值最大化。

2. 实施阶段——执行能力

创建并有效执行计划，推动组织和个人接受变革，主要活动如下：

- 建立主变革管理计划；

- 整合项目计划；

- 创建辅导、发起、沟通、培训等计划；

- 执行计划。

项目团队依照计划实施的行动能力称为项目管理能力。项目落地过程中的每个环节都离不开人。项目在实施阶段需要人沟通，解决问题，把控方向。项目完成后也需要人来使用产品使其价值最大化。而 Prosci 这一方法论分类更加细化，它不仅将项目中的所有人相关人员由上到下识别，又对不同角色定义不同的职责，如此大大提高了项目落地的成功率。

3. 巩固阶段——变革能力

确保变革被充分地采纳并持续发展，主要活动如下：

- 收集反馈意见，倾听员工建议；

- 审计"变革后的做事方式"的合规性；

- 识别差距和阻力区域，执行纠正措施；

- 庆祝成功；

- 像往常一样转到"新"业务。

变革管理能力是指变革团队根据发起人路线，管理整个项目中的变革行为能力。在整个项目进程中，监控 PCT 指标的变化，掌控项目状态，确保项目顺利进行，利用 Prosci 方法论，分析项目大小与类型进行评估，能够在项目团队做项目计划与策略规划时给予有效的指引，最终实现项目的安全落地。

第三个基本面——技术

在评估一个项目的潜力时,技术的独特性和核心竞争力是我特别关注的一个方面。这点其实不难理解,好的项目,除了拥有落地的品牌、高效的执行团队和明确的方法论及流程外,还必须具备难以被复制的核心技术。这种技术不一定是多么前沿的"黑科技",但它必须是项目价值的"护城河",是确保你在市场中独树一帜的关键因素。

技术在这里指的是生产产品的独特能力,是项目的核心所在。它要回答的问题是:什么是你能做,而别人做不了的?这种独特性正是投资者所看重的,因为它意味着更少的竞争者和更大的市场潜力。

以空调行业为例,为什么消费者能够仅凭风声就区分出格力空调和长虹空调?这是因为两家公司都拥有各自的独门技术,这些微小的技术差别最终导致了产品的差异化。这就是核心技术的力量,它使得你的产品即便在激烈的市场竞争中也能脱颖而出。

总结来说,技术在投资项目评估中的重要性不言而喻。一个拥有独门技术的项目,不仅能在市场中占据有利地位,还能为投资者带来更大的回报。因此,当创业者向我展示他们的项目时,我会特别关注他们在技术方面的独特性和创新点。

画大饼的项目,无论其饼画得多么诱人,终究难以长久。在创业的道路上,真正能够稳健前行的,是那些拥有实实在在核心技术的项目。技术,才是推动项目持续发展的不竭动力。而我们投资者在寻找的,不是虚无的承诺,而是能够落地生根、开花结果的实实在在的价值。

判断项目成长价值的四个正确

成长是价值投资永恒的主题——好比挑选一支好的股票,只有那些具备高成长性的股票,在高收益率方面才有更大的想象空间。

在纳斯达克上市的百度，每年以净利润 100% 以上的速度成长；

微软在 20 年间其营业收入从 1 亿美元增长到 400 亿美元；

阿里巴巴更是从一家一无所有的互联网企业成了"美国史上最贵 IPO"……

从这些鲜活的案例和数据中，我们深切感受到了高成长性的魅力。与此同时也为后来者提了个醒，在投资人越来越理性的今天，创业项目依然蜂拥而至，而作为创业者，我们凭什么让投资人深信你就是成长性最高的那只"潜力股"。

判断好项目的四个正确

项目是人才、资金、技术等各种生产要素的综合体，在我国经济发展新常态下，投资人更看重项目的成长性。落地一个好项目往往能带动一条产业链形成。而投资人成功扶持一个好项目，往往能带动一个行业的创新发展。

想要精准地判断一个项目是否具有成长性几乎是不可能的。但还是有理可依、有迹可循的，通过系统的分析，可以很大程度地确定其成长性，同时可以判断其风险等级。

衡量一个项目的成长性是比较复杂的，是通过多个维度、多个方面来判断企业在未来是否具有增长潜力的综合性指标。对被投项目而言，创新是本质，成长是结果。考察一个项目的可成长性，关键在于寻找其持续增长的几大核心能力。投资人往往会从公司的不同角度及成长特征去观察，综合判断，以相互佐证。

判断创业者或者他手中的项目是否具备投资价值，首先要看他是否做到四个正确：

1. 事正确

做投资，尊重事物的一般发展规律是尤为重要的，一味地寻求特殊性是盲目的。投资参考标准中，先事后人和先人后事的争论众说纷纭，并无定论。

我个人偏向坚持事为先，人为重的原则，这里所说的"事"指的是项目本身的潜力和方向。好比现在互联网行业就比实体行业的利润空间高，发展趋势快，带动的领域也更广。这是随着社会发展的需要而显现出来的客观事实。

在我们实际投资中，一个好的项目要考虑产品或服务与用户的供需关系、市场的发展空间、领域未来的发展趋势、法律法规的相关要求、对公司估值的影响等多方面因素，因此我认为应遵循先事后人的逻辑，先确立企业正确事，再优选与该事匹配的人。

2. 人正确

任何企业发展的过程中，人决定企业的成败，尤其是行业本就有优劣之别的时候，人的因素就起到了区分优劣的作用。

创业团队和创业者要有对所从事的行业有足够的认知以及丰富的知识积累，需要掌握运营管理的方式和方法并能较好地应用实际。此外，最重要的一点是要有诚信、有担当。畅销书《基业长青》(*Built to Last: Successful Habits of Visionary Companies*)的作者美国管理大师吉姆·柯林斯，在斯坦福大学授课期间与乔布斯建立了深厚的友谊，他是这样形容乔布斯的：

生命在于重生和成长。大部分伟大的领袖并非天纵英才，而是一个成长的过程。在史蒂夫身上，我看到的不是一个成功故事，而是一个成长的故事。

乔布斯不是随手就能写出一行代码的工程师；甚至没有 MBA 学位，更不是传统意义上的产品经理／项目经理。但是乔布斯是成功的。他把濒临破产的苹果公司变成了世界上最赚钱、市值最高的科技公司。尽管"乔帮主"已经离我们远去，但在世人心中，乔布斯依然是最伟大的梦想家，他的过人之处不仅在于他极强的创新能力，还包括他的营销能力，每逢发布会结束后，其演讲视频都会疯传，引得大批果粉主动追随。或许乔布斯的个人魅力和高成长性是无法复制的，但他留下的"精神图腾"值得所有后来者学习和反思。

3. 方式正确

同一件事情，不同的公司处理的方式也不一样，不同的人看待问题的角度也会有所不同。同样，不同公司运营的方式、利益分配、组织结构、与合作伙伴的关系等诸多方面也会有明显差异。

做事方式的差异，也会导致结果的千差万别，投资人要尽可能找到最高效的方式把事情做正确。

一个项目好比一棵大树，在我们的精心呵护下，成长为参天大树，然后开枝散叶播撒种子，繁衍出一片森林，长出更多的大树。

因此，在重点项目建设全力推进的同时，依托主力资源带动延伸产业链，实现产业由小到大，由大转强的过程。以大项目推动引领相关的小项目，聚合推动经济发展的巨大能量。

4. 时机正确

机不可失时不再来，抓住时机，迎难而上，方能时势造英雄。真正的创业像是一场看不见硝烟的战争，行军打仗讲究天时、地利、人和，创业也是如此。天时、地利、人和的有效结合，给原本荆棘密布的创业道路增添了几分胜算。

无论什么领域，在一个合适的时间点，一个有配合有执行能力的团队，准确切入到有供需关系的细分领域，然后按照合理的模式去做一件有盈利空间、未来有潜力，又合法合规的事情，投资人就不会轻易将你拒之门外。

此外，还有一种情况需要注意：当你的赛道已涌现出处于融资后期，乃至即将 IPO（首次公开募股）的项目时，务必审慎行事，深入探究资本市场的黄金窗口是否已经悄然关闭。

为此，我们精心设计了一款评估利器——项目赛跑图谱（详见表 7-1）。利用此图谱，大家可以系统地将市场上的直接竞争对手悉数罗列，逐一填入其中，确保自己不会在无意识中错失宝贵的资本机遇。

表 7-1　项目赛跑图谱

项目赛跑图谱		
	对手所在轮次	竞争对手名单
竞争清单	种子/天使轮	如项目名称(估,成立时间等),若没有则填"无"
	A轮	
	B轮	
	C轮-Pre IPO轮	
	已上市公司	
其他清单	已阵亡项目	如项目名称(成立时间、关闭时间、融资额等)
	国外市场	
竞争力	核心竞争力	核心竞争力、壁垒等(快速融资的规模、团队的线下地推能力等)

合理估值判断：应对未来不确定性

当考虑投资一个项目或企业时，对其进行合理的估值是至关重要的。估值不仅仅是一个数字游戏，它涉及对项目或企业未来盈利能力的预测、市场竞争环境的分析以及潜在风险的评估。而初级市场可以分为早期、中期、PE 阶段，每一个阶段都有不同的估值方法。

项目的最终目的都是希望上市，并且在公开市场上进行交易。不同市场对于自己的公开定价都有不同的定价策略，例如 B 股，更多是以客户需求为主要参考。当然这些反过来也影响着非公开市场的估值评判。

估值是理性的，但市场却是非理性的

估值更多的是对项目的理性考量，而市场永远是非理性的。

影响估值过高的因素有很多，其中一个因素是供需关系。像 AI、无人驾驶等行业，这些行业之所以贵，就是由于稀缺性决定了它的内在逻辑，想投的人太多

导致价格才会越来越高。另一个因素则是泡沫。比如企业在早期轮次溢价拿了很多钱，却未考虑到之后能不能一轮一轮继续支撑下去。

在白酒行业的激烈竞争中，陕西西凤酒股份有限公司（简称"西凤酒"）作为历史悠久的名酒品牌，其增资扩股和估值调整为我们提供了一个生动的案例。

西凤酒，这一源自陕西凤翔县的千年老酒，曾与茅台齐名，被誉为"四大名酒"之一。然而，在时代变迁中，西凤酒的发展并非一帆风顺。尽管拥有深厚的文化底蕴和品质口碑，但西凤酒在资本化道路上却屡遭挫折，四次冲击 IPO 均未果。

2023 年，西凤酒迎来了重要的转折点。陕西省国资长安汇通等五家投资方增资 4.89 亿元，使得西凤酒估值达到约 118 亿元。这一估值不仅体现了市场对西凤酒品牌价值的认可，更反映了国资对白酒产业未来发展的信心。

国资的介入，无疑为西凤酒注入了新的活力。作为陕西省重点产业链之一，白酒产业的突围战已经打响。西凤酒作为链主企业，承担着引领产业发展的重任。此次增资将用于 10 万吨优质基酒及配套生产项目等，旨在加速回归名酒第一阵营，打造陕西白酒产业集群。

然而，面对未来不确定性，合理估值判断尤为重要。西凤酒的估值并非凭空而来，而是基于其品牌历史、市场地位、发展潜力等多方面因素的综合考虑。在资本化道路上，西凤酒曾历经波折，但每一次调整都为企业的未来发展奠定了更坚实的基础。

通过西凤酒的案例，我们可以看到合理估值判断对于应对未来不确定性的重要性。在白酒行业乃至整个商业领域，企业都需要根据自身实际情况和市场环境进行合理估值，以制定科学的发展战略和决策。同时，政府和社会各界的支持也是企业应对未来不确定性的重要保障。

西凤酒的增资扩股和估值调整为我们展示了合理估值判断在应对未来不确定性中的关键作用。在未来的发展中，西凤酒将继续发挥其品牌优势和市场潜力，为陕西白酒产业的崛起贡献更多力量。

发于酒，但不止于酒。一座城市的产业背后，凝聚的不只是地方税收，还有产业链各个环节上，那些无数赖以生存的中小企业，以及关千千万万个家庭的就业机会。

投资人在早期估值时因为每个项目都不一样，更多的是要靠经验和商业谈判。例如，在首轮融资，创业者需要明白的并不是估值本身，而是想要将业务发展到下一里程碑究竟需要多少钱。这时，我们要对合理的股权比例有一个判断，一般在10% ~ 30%，只有这样我们的估值结果才会更合理。

在经济学上，企业的估值是最难的问题之一，就现在而言，没有一个企业的估值会在全世界得到统一认可。即使没有相同的办法，但是还是会有一些技巧与方法，下面我给大家介绍三种估值的方式。

1. 验证法

第一种方式就是用完成商业模式的资金数来进行估值。在创业初期，未来会出现很多不确定性，所以估值并不能更好地反映出公司的真正价值，它只能体现投资人用资金交换的股权，也容易出现折现，直接说就是有还价的可能性，最后需要双方共同进行确定。所以导入期的企业，不用在乎现在的价值，主要考虑企业客户数、团队价值、商业模式，这才是价值评估的关键。

2. 类比法

如果你的创业项目在市场上有同类公司，你可以参考一下市场价值，参考一下此类项目的估值融资情况。例如，你在做内容创业，你可以上网搜索主营业务相似的公司了解情况，对比交易倍数，也就是参考别人做项目的时候，数据与金钱的对比，就像十点读书拿到了思享家新媒体基金300万，估值达到了3000万，就可以对比一下自己的项目能不能达到跟十点读书差不多的倍数。

你也可以直接参考公开透明的投资公司，像天使轮、A轮、B轮、各种轮次的项目，还有像36氪这样的股权投资平台，这上面集中了很多互联网项目，这些都值得你去参考，和自己的作对比，接着对比一下他们的计划书，再分析一下它的融资金额和股份释放比例，你的项目估值应该就会有些眉目了。

3. 调研法

调研法就是用供求关系来确定估值。公司的估值大多数都是由投融资双方协商确定，最后怎么评估这个初期项目，也就是双方决定，俗话说"一个愿打一个愿挨"。举个例子，某项目在 A 公司看起来一文不值，而在 B 公司却是不可缺少的项目，那这样就完全不同了。所以在估值之前，要对其了解分析，确定下该投资机构是否需要。估值之前要提前调查一下该投资公司，如果有过相关行业的领域最好。选错了投资机构不仅浪费时间精力，而且也会得到错误的数据。

合理估值判断是投资决策中不可或缺的一环，它不仅是对企业当前价值的评估，更是对未来不确定性的应对和准备。在快速变化的市场环境中，企业需要不断适应和调整，而合理的估值能够为我们提供一个参考框架，帮助我们更好地预测和应对这些变化，以便我们能够更加明智地做出投资决策，从而为未来的增长和成功奠定坚实基础。因此，掌握合理估值判断的方法论，对于每一个寻求长期回报的投资者来说都是至关重要的。

增长力考察：成长空间究竟有多大

在互联网浪潮的推动下，初创企业如雨后春笋般涌现，它们带着创新的产品和项目，意图在激烈的市场竞争中脱颖而出。然而，对于投资人来说，选择投资哪个企业并非只看眼前的热闹，更关注的是这个企业未来的成长空间。

增长空间，简而言之，就是企业或项目在未来能够发展壮大的潜力。一个具有广阔增长空间的企业，往往能够吸引更多的资本和资源，从而实现更快速的发展。那么，如何判断一个企业的增长空间呢？

首先，要关注企业所处的市场环境。一个充满活力和增长潜力的市场，往往能够为企业提供更多的发展机会。因此，创业者需要深入研究市场的增长空间，了解市场的总量、增长率以及市场存量等关键指标。

其次，要分析企业所在行业的增长趋势。一个处于上升趋势的行业，往往能够带动其中的企业快速发展。通过了解行业的最近市场增长率，可以初步判断该行业的未来发展前景。

再者,创业者需要明确自己进入的市场总量有多大。一个庞大的市场总量意味着更多的潜在客户和更大的发展空间。因此,选择一个具有足够市场总量的领域进行创业,是确保企业未来增长空间的重要前提。

最后,创业者还需要思考驱动企业增长的核心因素是什么。这些因素可能包括技术创新、市场需求、政策支持等。只有明确了增长驱动力,才能更好地制定发展策略,确保企业在未来能够持续稳健地增长。

只有全面评估企业的增长空间,才能让投资人看到希望,并愿意为企业的未来发展投入更多的资本和资源。

可成长空间的剖析——增长潜力与市场广度

当探讨一个项目的可成长空间时,我们实际上是在探究其"增长潜力"与"市场广度"。为了更具体地分析这两个要素,我会结合以下几个关键点进行深入探讨(详见表7-2)。

表7-2 判断可成长性的几个关键

判断可成长性的几个关键	
项目定位与核心业务	你的项目或产品主要服务于哪个行业或领域?例如,是否专注于某一特定行业及其与互联网的结合应用,核心是否在于提供某种特定的产品或服务
目标用户群体	你的项目或产品主要吸引哪些用户?比如,你的主要用户群是否是有特定需求或兴趣的消费者
用户价值主张	你的项目或产品能为用户带来哪些实际价值?能否举例说明你如何为用户提供高品质的产品、便捷的购物体验或其他形式的增值服务
创新点与差异化	你的项目或产品有哪些独特的创新点?是大众消费中的新体验、高端定制服务,还是通过广告引流等策略实现的差异化竞争
盈利模式与销售策略	你的项目或产品如何实现盈利?是否结合了线上线下的销售模式,比如通过实体店与线上平台的融合,打造O2O的全方位服务体验

在分析以上问题时,确保所引用的数据客观、准确,并且来源可靠。**数据的**

真实性和可信度对于评估项目的成长空间至关重要。

说实话，作为投资者，我希望看到的是一个有明确市场需求、创新点突出且盈利模式清晰的项目。你需要展现出你的企业不仅有能力满足未来市场的需求，还具备持续增长的潜力。如果不能清晰地展现这些优势，那么对于投资者而言，可能还不如去买基或股票等其他投资。

指数级成长：真正拉开差距的是指数型思维

在当今这个日新月异的时代，真正能够拉开企业与竞争者差距的，不仅仅是资金、技术或人才，更重要的是一种全新的思维方式——指数型思维。这种思维方式正在逐渐改变我们对商业世界的认知。

指数型思维，是以非线性、成倍增长的方式来思考问题。这与我们传统的线性思维方式截然不同。为了更好地理解这一概念，我们可以从指数型组织说起。

指数型组织是那些能够运用高速发展的技术，实现影响力或产出大幅增长的组织。这种增长往往远超同行，甚至可以达到10倍以上的速度。这种组织的成长性就如同摩尔定律一样令人惊叹，即集成电路上的晶体管数量每隔18个月就会翻一番。这些组织也常被称为"独角兽企业"，指的是那些估值超过10亿美元的创业公司。它们的增长不仅仅是线性的，而是呈现出一种爆炸性的态势。

现在，让我们通过一个简单的例子来进一步理解指数型思维。

假设有一批新凳子需要搬运到指定地点，每次只能搬一个。搬运工可以选择两种付款方式：第一种是每次搬运获得固定的100元报酬；第二种是第一次1元，第二次2元，第三次4元，以此类推，每次的报酬都是前一次的两倍。如果搬运工需要搬运10次，他会选择哪种方式呢？

初看之下，第一种方式似乎更诱人，因为每次都有固定的100元收入。然而，仔细计算后会发现，第二种方式的总收入在搬运次数增加时会迅速超过第一种方式。当搬运次数达到20次或30次时，第二种方式的收入将远超第一种方式，甚至达到一个数量级以上的差距。

指数型思维，它不仅仅是一种思考模式，更是一种能够引领划时代变革的力量。它让企业和项目能够在短时间内实现爆发式的增长，而这种增长往往超越了传统的线性模式，呈现出爆炸性的态势。

正因如此，指数型组织所代表的，不仅仅是技术和商业模式的创新，更是一种全新的思维方式。这种思维方式，让组织能够迅速适应变化，抓住机遇，实现快速成长。

作为投资人，我们在评估一个项目及其背后的组织者时，我会特别关注他们是否具备这种思维方式。因为只有具备指数型思维的企业和项目，才有可能实现持续的高成长。这也是为什么越来越多的投资人开始重视并应用指数型思维来判断项目的潜力和成长性的原因。

指数级增长的企业都有什么特征？

无论我们从事着什么样的行业，我在社会中扮演什么样的角色，我们都需要在这样的一个指数型时代思考以下问题：

- 高速发展的时代，我们个人和组织如何发掘自己新的竞争优势？
- 指数型时代，如何实现个人和组织的高速发展？
- 我们自己如何实现指数级的成长，实现自己的小目标？

实际上，指数型思维就是让我们形成新的指数型的思考方法，然后采用指数型的行为习惯，关注跟我们行业相关的新型技术，一起实现企业和行业在新时代中的变革。

指数型思维的时代已经来临，诸如海尔、小米、滴滴等企业已悄然崛起，这个时代不会在意我们愿意不愿意接受，如果我们不颠覆自己，我们就会被这个时代所颠覆。

在高科技行业有一句话，"如果一个产品的开发周期大于或等于它的生命周期，这将是它的一个致命的软肋"。尤其在数字化浪潮汹涌的今天，企业的效率直接关系到其竞争优势。效率之战，已成为企业间较量的核心领域。

据统计，美国企业众多，但真正达到显著收入规模的却寥寥无几。同样，在中国，虽然企业数量庞大，但真正能够实现高速增长的独角兽企业也仅占极少数。

那么，那些能够实现指数级增长的企业，它们究竟具备了哪些核心特征呢？

1. 勇于革新，不惧变革之痛

以杰克·韦尔奇为例，这位被誉为"全球第一 CEO"的商业巨匠，在短短 20 年内使通用电气的市值飙升 30 余倍。他的成功秘诀之一就是勇于变革。

韦尔奇曾明确表示："要始终相信变革是积极的，不要因为害怕失控而夜不能寐。变革带来的是无尽的新机遇。"

在韦尔奇的领导下，通用电气进行了一系列大刀阔斧的改革。即便是在公司盈利的情况下，他依然果断地砍掉了竞争力不强的产品线，如家电业务，因为他敏锐地察觉到了来自亚洲的激烈竞争。

面对内部和外部的质疑与阻力，韦尔奇坚持认为，只有从事真正有前景的行业，并在效率、成本和全球化方面做到领先，才能确保企业的长远发展。

这种勇于抛弃成规、直面现实并立即行动的精神，是指数级增长企业的共同特质。它们不畏惧变革带来的阵痛，因为深知只有不断适应和进化，才能在竞争激烈的市场中立于不败之地。

2. 机制驱动下的指数级增长

在互联网的浪潮中，创新是引领企业指数级增长的关键动力。在这个日新月异的时代，"冗余"和"消耗"已不再是创新的绊脚石，相反，抓住稍纵即逝的机遇变得尤为重要。那么，"如何持续激发并保持创新活力"，进而推动企业的快速增长呢？这无疑是每个创业者都需要深入思考的问题。现在，让我们一起探讨腾讯是如何通过独特的机制建设，点燃创新之火，从而实现其指数级增长的。

腾讯的组织结构和运营机制，在业界堪称独树一帜。其"内部赛马机制"不仅在公司内部形成了良性竞争，还成功引领了众多互联网企业的创新潮流。这种机制使得腾讯在过去20多年的发展中，每当遭遇挑战或瓶颈时，总有优秀的团队能够挺身而出，引领公司跨越难关，实现新的突破。

当前，扁平化管理已成为新兴企业的热门选择，旨在激发基层员工的创新潜能。然而，如何有效地引导和利用这些基层的创新资源，却是一个巨大的挑战。在开放式的创新环境中，基层创新很容易迷失方向，面临创意泛滥和责任推诿两大风险。

腾讯则通过实施"谁提出，谁负责"的策略，巧妙地解决了这一问题。这一策略不仅确保了创意的提出者对其负责，还促进了创意与实施的紧密结合。以"QQ秀"为例，这一创意最初由腾讯的一位产品经理提出，并得到了高层的认可。为了项目的迅速推进，该项目直接在市场部立项，由提出者牵头负责，从而推动了腾讯的商业化进程。这种责任机制确保了创新的持续性和实效性，为腾讯的指数级增长奠定了坚实的基础。

腾讯通过独特的机制建设，成功地点燃了创新的火花，为其他创业者提供了宝贵的经验。在追求创新的道路上，建立有效的机制驱动是至关重要的，它不仅能够激发员工的创新活力，还能够确保创新的持续性和实效性，从而推动企业实现快速增长。

3. 效率至上：打造高效能团队，驱动指数级增长

企业的成功离不开高效的团队，而高效的团队则是由优秀的人才组成的。只有当企业平台与人才的职业基因相匹配时，才能发挥出最大的效能，推动企业实现指数级增长。

乔布斯曾经说过："一个优秀的人才能顶50个平庸之人。"这句话深刻地揭示了优秀人才对于企业的重要性。如果企业中平庸之人过多，不仅会降低整体效

率，还可能导致优秀人才的流失。相反，当企业中优秀人才聚集，他们会相互激励、共同学习，形成正向的循环，从而推动企业快速发展。

在打造高效能团队的过程中，网飞公司的做法值得借鉴。他们坚持"只招成年人"的选人标准，这里的"成年人"指的是那些渴望成功、具有独立性的人才。这样的人才能够主动承担责任，以专业的态度去思考问题，而不是推诿、找借口。

为了匹配"成年人"的思维方式，网飞公司还设置了一系列的管理制度。他们取消了固定的休假制度，允许员工在合理安排工作的前提下自由休假；同时，也取消了报销制度和差旅政策，给予员工充分的信任和自由。这些做法不仅提高了员工的工作效率，还激发了他们的工作热情。

通过借鉴网飞等成功企业的经验，创业者可以更好地优化团队结构，提升团队效率，从而推动企业实现快速增长。在这个过程中，选拔优秀人才、建立匹配的管理制度是关键。只有这样，我们才能打造一个真正高效能的团队，为企业的长远发展奠定坚实基础。

我相信，未来会有越来越多的投资者开始认识到，线性增长的模式已经无法满足他们对高回报和长期价值的追求。真正能够拉开投资回报差距的，是指数型思维。而具备指数型思维的企业倾向于进行颠覆性创新，打破行业规则，从而获取更大的市场份额和竞争优势，在抓住新兴市场的机遇的同时，为我们投资者带来更大的增长潜力。

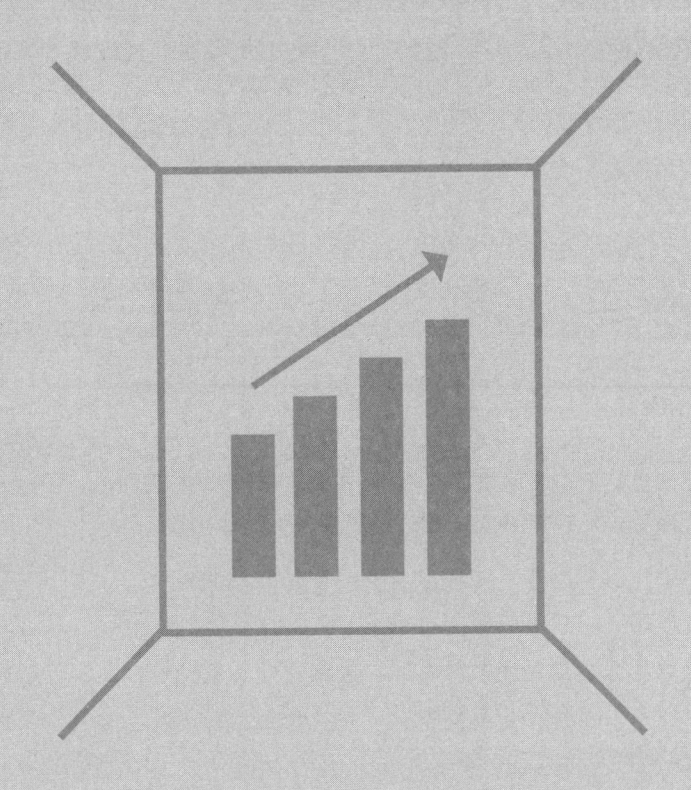

08

有多大实力：
靠谱的团队让投资人定心

伟大的项目往往源于一个出色的创意，但要将其转化为现实，则需要一支能够高效执行、共同面对挑战的团队。

一个靠谱的团队，能够让投资人对项目的未来充满信心，因为他们相信，这样的团队有能力应对各种困难和挑战，将创业的理念转化为实际的商业价值。投资人寻找的是那种对事业充满热情，对挑战充满勇气，对成功充满渴望的团队。

在本章中，我们将深入探讨如何搭建一个靠谱的团队，如何找到那些与你志同道合、能够共同奋斗的事业合伙人。我们会讨论如何快速识别团队中的高效成员，如何通过数据来评估团队的效率，并发现每个成员的优势，让他们明白自己在团队中的不可替代性。

同时，我们也将探讨在搭建团队过程中需要进行的适当取舍，明确哪些人适合团队，哪些人可能不适合。因为，一个优秀的团队不仅仅是人数的堆砌，更是能力的互补和协同。

无论何时，只有靠谱的团队，才能驾驭伟大的项目，共创辉煌的未来。

投资即投人：投资人喜欢什么样的团队

投资即投人，看似简单的一句话深刻地揭示了投资活动中的核心要素——人。无论是投资股票、债券，还是房地产，甚至是初创企业，投资人的最终决策往往基于对背后团队或管理层的信任和判断。

在初创企业投资中，这一点尤为明显。一个好的商业模式或创新技术固然重要，但如果没有一个强大、靠谱的团队去执行，那么再好的商业模式也只能是空中楼阁。投资人深知，一个优秀的团队能够应对各种挑战，把握市场机遇，将创意转化为实际的商业价值。

在评估一个项目时，我们会重点考察团队成员的背景、经验、技能和执行力。他们希望看到的是一群有激情、有才华、有合作精神的人，这样的人组成的团队更有可能创造出令人瞩目的成功。

同时，"投资即投人"也意味着投资人需要与被投资者建立长期的信任和合作关系。这种信任不仅基于对团队能力的认可，还基于对团队品格和价值观的认同。只有当投资人相信团队能够坚守承诺，持续努力，他们才会放心地投入资金，期待未来的回报。

对一个创业项目来说，单人项目很容易失败

一个创业项目有各种成功的可能性，但无论是从平均值来看，还是从经验与

概念来说，一个理想的团队要有 2 ~ 3 人，或者是 3 ~ 4 人。

在创业这片充满未知与挑战的海域中，无数梦想者扬帆起航，但能够抵达成功彼岸的往往是那些懂得团结协作的舰队，而非孤军奋战的独木舟。

禾赛的故事，始于三位"85 后"校友——李一帆、向少卿与孙恺。

李一帆，一个来自山西孝义的学霸，以保送生的身份进入清华大学，后远赴美国深造，获得机器人硕士学位及博士学位。他的旅程，本可以是一条孤独的学术探索之路，但命运的安排让他遇见了同样在异国他乡求学的向少卿和孙恺。

向少卿，李一帆的清华学长，正在斯坦福大学攻读机械工程系；而孙恺，则是在斯坦福同一专业攻读博士学位的佼佼者。三人的相遇，仿佛是命运的巧妙安排，相似的学术背景、共同的创业梦想，以及对未来的无限憧憬，让他们迅速成为志同道合的朋友，也为后来的创业奠定了坚实的基础。

2013 年，这三位"85 后"的青年才俊决定携手创业，成立"禾赛科技"。孙恺以其深厚的学术功底担任首席科学家，向少卿凭借其出色的技术能力出任 CTO，而李一帆则利用自己在硅谷积累的资源和人脉，兼任 CEO，引领团队前行。

尽管初创时计划在硅谷发展，但经过深思熟虑，他们于 2014 年选择回国，将先进的技术和理念带回中国，这片充满机遇的土地为他们的梦想提供了更广阔的舞台。回国后，禾赛科技迅速成长为行业内的佼佼者，据不完全统计，至今已获得至少 9 轮融资，累计融资额超过 5 亿美元，市值更是达到了惊人的 160 亿元人民币。

李一帆、向少卿、孙恺三人，用他们的智慧和汗水，书写了一段关于团队、梦想、坚持的传奇。创业路上，拥有一个互补性强、目标一致的团队，比任何单打独斗都来得更为重要。正如禾赛的投资人之一，真格基金合伙人尹乐所言，禾赛科技的成功，离不开每位创始人独特的才能和优势，更离不开他们之间无缝的配合与默契。李一帆以其卓越的社交天赋，在硅谷社交圈中游刃有余，展现出强大的资源协调能力；孙恺则凭借深厚的学术功底，以冷静分析和睿智决策著称；而向少卿作为技术实现的佼佼者，总能将团队的创意转化为现实。三人各展所长，技术背景与个人能力相辅相成，形成了完美的团队互补。

这一团队的构成，完美体现了创业团队的理想配置：有战略眼光的领导者、技术核心的驱动者，以及实施落地的执行者。他们的合作，不仅弥补了各自领域的短板，更激发了团队整体的创造力和战斗力。

如果一个团队里只有一个 CEO，顾得了"外面"就顾不上"家里"，就算这个人再怎么能忽悠也是徒劳。投资人通常都会特别关注 CEO 背后团队的力量是否足够支撑起一个好项目。

多数项目的运营团队需要一个核心人员，这不仅是企业的灵魂，同样和股权设计捆绑在一起。平分股权对一个创业企业来说是最不好的股权设计方法。

股权分得多的那个人，在创业时要付出更多的努力，关键时刻能够有决策能力，拿得了主意，成功的时候享受多，困难的时候也要作最困难的决定，大家最后要拥护、服从，并支持。

创业就如同军队，必须有首长。所有人要根据首长的决定开展行动，有些时候已经无关乎对错，最关键在于有没有快速果断的决策。

一个企业要真正长大，必须有一个核心，并且围绕着这个核心，要有能具备生产、销售、供应、研发这几方面的功能，这样企业就不愁发展了。

所谓投资，不是投给一个人，更不是创造一个项目，而是通过投资项目创造一个商业组织。一个人不能搞定所有的事情，要考虑整个团队是否靠谱。无论是一个企业，还是一个项目的成立都是不容易的，投资人的商业逻辑一定要清晰，去投资靠谱的团队。

相信团队的力量

如今，投资人拿到商业计划书，通常会先看一眼团队的介绍，接着会在脑子里思考以下几个问题：

- 这个团队是兼职还是全职；
- 这个团队创始人的背景和从业经历；

- 这个团队的组合适不适合做这个项目；

- 这个团队的分工是什么样的，是否有一些在某些领域特别擅长的人在团队里。

实际上就是看这个团队配置是否完善，分工是否细化，是否有做好现阶段项目的能力。

项目负责人在介绍项目时经常出现如下失误：

1. 无用、无效信息频现

创业者容易走进一个误区，总觉项目介绍得越多越好，恨不得从幼儿园到现在所有能表现自己能力的事情都叙述一遍，所以经常会出现创业者把自己的经历洋洋洒洒打了好几百字腹稿，堪称鸿篇巨制。但问题随之而来，这些经历是否与你现在做的事情有关联，其实多数信息都是无效的。

2. 虚假信息：兼职 or 全职

有些创业者在团队介绍时会把一些顾问或兼职放到核心成员里一并介绍，而且不明确说明其身份和职能。创业者希望给投资人突出自己团队的优点，营造一种非常专业的感觉。

但业内人士都懂，顾问跟团队核心根本不搭边，它的作用极其微小。再说说有很强的投机性质的兼职，根本都没下定决心追随企业，也就是你有融资，我就干，没拿到融资，就兼职干。所以投资人会对此类描述十分敏感，会提高警惕。

创业者的 BF 里含有这种虚假成分，投资人会对创业者的印象大打折扣，进而影响后续的对接与合作。

3. 突出背景，忽略业绩

我们都熟悉的打飞机、天天酷跑等爆款游戏，是由腾讯互娱天美工作室带领 3 人团队策划执行的。面对投资人在团队介绍时说出上述内容，明显要比介绍"腾讯背景，研创开发过多款游戏"更直接、明了，更容易得到投资人的青睐。

时代在改变，几年前在 BAT 门口等个人就能拿到 300 万，而如今，即使在 BF 中描述"BAT 背景"，投资人仍然会有很多疑问，比如：到底做得怎么样？离职是不是被开除的？到底是什么职位？

对创业者来说，应该"突出过往业绩""据实描述""突出方向能力匹配""突出团队分工合理"。投资人希望看到的 BF 中要拥有"全职创业""合理搭配""方向匹配""能力中上"的团队。

当然创业者也会面临一些问题，比如到底去哪里能找到好的合伙人？现在团队里都是屌丝，怎么办？

投资人对团队的考量要加上时间与空间的维度。你的团队只要能够适应现阶段的发展，有坚定的创业精神、共同的发展目标，能够互相学习共同进步，推动公司的发展，即便你带的是屌丝团队，投资人也会心动。随着公司的发展壮大，也要适时地考量合伙人是否有这个能力跟上公司的脚步，如果跟不上公司的发展节奏就要物色新的合伙人。

团队也不要盲目跟风，比如让一个卖书的团队去做机器人项目，这就不符合其团队发展规律。行业门槛高，团队的能力与创业方向偏差太大，团队都被挡在门槛外了就不要做无谓的挣扎。

怎样找到好的合作人，这就关乎创业者本人，他的是否有刘备三顾茅庐的求贤精神和资源半径。知乎、媛创派、微博、各种细分论坛等都是很好的线上渠道，不同的活动以各自名义举办的峰会、论坛以及聚会也是不错的线下渠道。

有些人一定会跟你志同道合，有契合的观点、共同的目标与方向。这些人就最适合现阶段的你组建最理想的团队。但是，怎么才能把他们挖到你的身边，收其心谋大计，这就是另一门艺术了！

搭建团队：十个好项目，不如一个贴心合伙人

我常听身边的企业家朋友说"好项目是成功的一半"。这样说没有错，但却忽略了另一个重要条件——合伙人！

在知识经济的猛烈冲击下，知识资本的力量驱动企业实现新一轮增长，同时掌握知识资本的高端人才亦不再满足于为他人作嫁衣，赚取打工薪酬。而是更注重依托更为庞大有力的资本力量实现自我更高价值。于是，雇佣时代渐渐成为历史，合伙人时代已经来临。

对投资人而言，找到一个靠谱的合伙人比找到十个好项目要难得多！

十个好项目，不如一个贴心合伙人

生意场上最关键的一步就是懂得如何找准一个好的合伙人。

那么，谁才是适合自己的合伙人呢？

细节能暴露一个人的内心，往往最不会骗人。不信可以用如下标准去衡量一番，详见图8-1。

```
才能高，人品更高的人            出手大方的人
遇到挫折懂得自我调节的人    谁才是适    善于言辞，表达能力强的人
                            合自己的
失败后善于总结经验的人        合伙人    说话坦白，不喜欢拐弯抹角的人
做决定后积极行动的人            能和我们优势互补的人
```

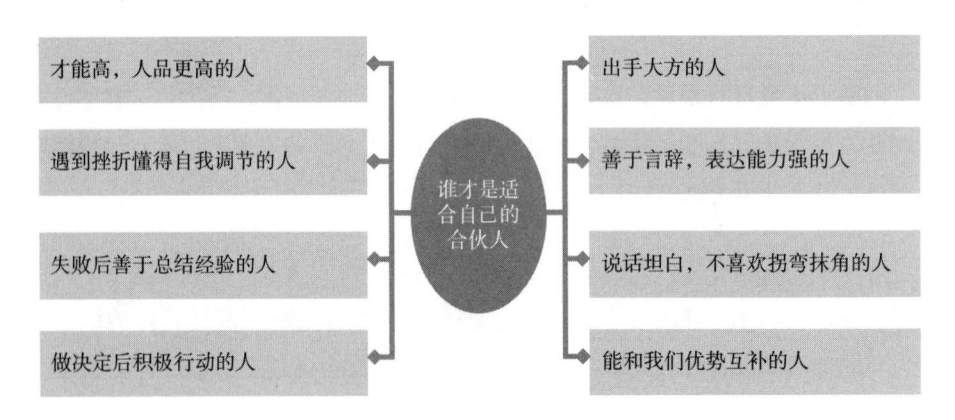

图8-1 适合自己的合伙人

1. 才能高，人品更高的人

投资人一定会考察合伙人的才能，最重要的是合伙人的人品。有些人能力很强，但人品很差，对我们自身的威胁就很大，所以坚决拒绝这类人加入自己的团队。

无一技之长的人同样不可取，这样的人不仅不会帮自己办成什么事，还会在

最关键时刻成为累赘。如果累赘再加上人品有问题，那么无疑就是火上浇油。因此，人品成为投资人选择合伙人时最重要的考核，人品好的基础上再考虑才能。

2. 遇到挫折懂得自我调节的人

在逆境时懂得为自己找出路，在顺境时能为自己找个退路，这种做法是可靠成熟的表现。志向远大的人是投资人理想的合作伙伴。

3. 失败后善于总结经验的人

这种人懂得从细节出发，学习能力强，能够在所有人身上学习优点并有所总结和感悟，懂得举一反三。投资人与这种人合作的最大好处就是能学到东西。而且更重要的是，他们谦虚。往往这种谦虚的人才能取得最后的成功。

4. 做决定后积极行动的人

这种人勇于实践，他们坚信只有行动才会有结果；行动不一样，结果就不一样；做了没有结果，等于没有做；知道不去做，等于不知道；不犯错误，一定会错，因为不犯错误的人一定没有尝试；错了没关系，一定要及时总结，然后再尝试去做，直到正确的结果出来为止。另外，这种人勇敢、果断，投资人与他们合作会受其感染变得更优秀，所以如果你有点儿优柔寡断，那这种合作伙伴就是不二的选择。

5. 出手大方的人

这种人舍得付出，不吝啬金钱，这种豪爽对投资人很有帮助。与此同时你也要表现得大方。因为没有奉献精神，是不可能创业成功的。另外，这种人最讨厌小肚鸡肠类的人，所以一定要明确先付出才能有收获的道理，更要用行动让别人知道，你是物超所值的，别人才会开更高的价。

6. 善于言辞，表达能力强的人

这种人善于沟通，沟通无极限是一种态度，而非一种技巧。良好的合作关系要耐心的沟通，有共同的愿景共同成长，非一日可以得来。与这种人合作的好处是一般不会因为交流不畅造成误会。

企业是利益共同体，是件严肃认真的事情，双方都有责任去积极主动沟通。谦虚是中国人的传统，通常有话说三分，因此沟通的空间还很大。

7. 说话坦白，不喜欢拐弯抹角的人

这种人诚恳大方是最理想的合作伙伴。因为每个投资人都有不同的立场，所以不可能要求所有人步调完全一致。诚信才是合作的最好基石，遇到任何问题大家都要开诚布公地谈清楚。

8. 能和我们优势互补的人

你如果不擅于管理团队，你要找的合伙人就要擅于管理团队，这样能发挥合伙人的所有优势。其实一个团队每个人都很强，不见得是一个最强的团队，但能够实现优势互补的团队，才是最完美的组合。

大多时候，投资人都有很多种选择，选择越多诱惑越多，更要认清形势，合乎自身需求的才是最适合自己的合作伙伴。投资人想要快速取得创业的成功，一定要找准合作伙伴，实现真正意义的"有钱大家赚"。

另外，根据大量合伙经营的案例分析，有以下三种类型的人是投资人不愿，也不能与之合作的。

第一种："刚愎自用、自以为是"型

当今社会中，仍有很多刚愎自用、自以为是的人，只不过表现的形式各有不同。总有一些人自以为是地认为自己分析能力超群，智商情商都比别人高，听不进任何人的意见，固执地认为自己说的是最对的、最好的。

投资人对他的观点持不同看法时，他通常会认为没有必要改变，轻易地否定别人的建议或意见，自己又拿不出更优秀的方案。

对于这种思维方法是以点概面、以偏概全、固执又偏激、不易合作的人，投资人当然不能与之合伙创业。

第二种:"食言自肥、好话说尽"型

在商业圈这个极其复杂的环境中,争利手段也是层出不穷,总有一些人仗着自己有一点点小聪明,自以为是地认为熟知人情世故,因而"走火入魔"。他们总想着在与别人的合作中多捞点,反正在他们眼中商场就是骗人的地方,能多占点便宜就多占点便宜。他们把自己的投资人当成傻瓜,总想着瓜分别人的利益,斤斤计较个人得失,付出少却要高回报。

投资人是绝不会与这类人合伙的。这种类型的人都有一个明显的共性,那就是"能屈能伸",在有求于你或想要合作的时候,他会以动听的语调说着极为诱人的话语,这就是所谓好话说尽。一旦达到目的,过去所说的话都抛到九霄云外了,那真是完全站在自己的利益上打算盘,这就是所谓食言自肥。

按道理说,这样的人没有人愿意与他们合作,但实际这类人又常常得逞。最大的原因就是,这类人的欺骗性很大,在生活中不容易甄别,一旦合作恶果就自动生成了。

这类人把商场中的坏习气掌握得炉火纯青,如果再加上些许的表演才能,喜怒哀乐,学啥像啥,即使社会经验丰富的商场老手,也会被他耍得晕头转向,上当受骗。

第三种,"耐心不足、眼高手低"型

有些人只看到了投资人成功后的享受和光环,却看不见创业的艰辛,真所谓眼比天高,心比山大。没有合伙之前说起创业来侃侃而谈,信誓旦旦,各种豪言壮语,发誓要干出个名堂来,可一旦进入实质性的运作,需要长时间的努力,需要投入艰苦的劳动,就像泄了气的皮球再没有往日所说的那种干劲了,或是贪图享乐,得过且过;或是工作不认真主动,平日应付了事的坏习气就暴露出来。现在有些人收入勉强过得去,家庭环境又不错,也受过良好教育,他们最容易成为耐心不足,眼高手低的人。因为他们没有受过生活的磨难,也没有经受过创业的挫折,更无法体会创业的艰辛,自以为当老板容易,做生意简单;工作一旦需要长时间的努力,投入更多的精力,便会瞬间显露出耐心不足、眼高手低的毛病。

试玉需烧三日满,辨才须待七年期。

金无足赤,人无完人,任何人都是优点与缺点同时并存,有其优缺点。但对于以上三类人,投资人是一定不会与他们合伙创业的。原因很简单,江山易改本性难移,这些人身上的缺点和所犯的错误是本质性的,是长期形成的,恐怕一时半刻也难以改掉。

快速识人:找到和你一起"滚雪球"的人

在创业的舞台上,我们每个人都是独一无二的"雪球",带着各自的色彩与轨迹,在纷繁复杂的人际网络中滚动、碰撞。但如何才能找到能够与你并肩前行,共同"滚雪球"的人,这便需要我们掌握一套独特的"识人术",甚至是一种基于深刻洞察与细腻感知的能力。

2024年9月,深圳市一家专注于智能穿戴设备的科技创新公司——未来音频科技,正式完成了工商变更,成为字节跳动集团的全资子公司。这一并购案不仅标志着字节跳动在智能硬件领域的又一重要布局,更凸显了人才和团队在科技创新中的核心地位。

回溯至2019年,未来音频科技的创始人李浩乾,一位在消费电子领域拥有丰富经验的专家,敏锐地捕捉到了市场的痛点:尽管TWS耳机市场如火如荼,但用户对于佩戴舒适度的需求却未得到充分满足。于是,他携手一群来自Bose的工程师伙伴,共同创立了Oladance品牌,致力于打造全开放、不入耳、无感佩戴的音频解决方案。

在李浩乾的带领下,Oladance团队凭借OWS(Open Wearable Stereo)这一创新技术,成功推出了多款备受市场欢迎的产品。这些产品不仅解决了用户佩戴不适的问题,还以其独特的音质和舒适度赢得了广泛好评。特别是在运动、通勤、会议等多元化场景下的出色表现,使得Oladance迅速打通市场,进入全球超过30个国家和地区。

2023年,Oladance获得了蓝驰创投、黑蚁资本等知名投资机构的千万美元天使轮融资。投资人对 Oladance 团队的高度评价，再次证明了人才和团队在科技创新中的关键作用。他们看中的，正是 Oladance 团队持续打造爆款产品的实战能力和对市场的敏锐洞察力。

然而，对于字节跳动而言，收购 Oladance 并不仅仅是看重其产品和技术。更重要的是，他们看中了李浩乾及其团队在智能硬件领域的深厚积累和创新能力。字节跳动一直致力于在智能硬件领域进行探索和创新，而 Oladance 团队的加入无疑为这一战略注入了新的活力。

此次并购案的成功，再次验证了"人才和团队是核心"这一理念。在科技创新的道路上，优秀的人才和团队是推动企业不断前行的关键力量。他们不仅能够敏锐地捕捉市场痛点，还能够通过技术创新和团队协作，将创意转化为实际的产品和服务，从而赢得市场的认可和用户的青睐。

同时，这一案例也给我们带来了深刻的启示：在当前一级市场面临寒意、创业公司生存难题凸显的背景下，创业者们不妨更加开放地看待并购这一选择。通过并购，创业公司不仅可以获得大厂的资源和支持，还能够借助大厂的平台和影响力，实现更快速的发展和更广泛的市场拓展。而这一切的前提，是创业者们必须拥有一支优秀的人才和团队，这是他们最宝贵的财富和核心竞争力所在。

如今，随着市场外部竞争环境日趋激烈和复杂，客户需求的多样化，企业传统的流水线式重复生产模式，正在逐步转向以项目开发为主的个性化、定制化、创新化的生产模式。而在项目人力资源管理中，如何在你的创业团队中识别人并迅速做出判断和取舍就成了关键一环。

识人快准狠，找到和你一起"滚雪球"的人

识人方能用人，从以下三个方面出发，基本能做到对人有详尽的了解。

第一，从性格角度去了解人

人的性格分为四大类：活跃型、能力型、平稳型和完善型。不同性格的人要

用不同的方式去管理，方能发挥他的最大作用。

第二，从人性角度去了解人

麦克雷格曾把人大致分为 X 和 Y 两类[①]，这两类人对应着荀子的"性本恶"和孟子的"性本善"两种观点，相对应的管理方式要采用相对的放权与专权。

第三，从人的心理需要去了解人

马斯洛把人类的需求分为五个阶段：生理需求（生理功能所需要的，活下去的需求）、安全需求（人身财产安全、生活稳定的安全感需求）、社交需求（对友谊、爱情、亲情、隶属关系的需求）、尊重需求（包括对成就、名声、地位、自我价值的个人感觉，也包括他人对自己的认可与尊重）、自我实现（包括针对真善美至高人生境界获得的需求）。

马斯洛的需要层次理论，尊重需要、社交需要、安全需要、生存需要和自我价值实现的需要。针对不同层次需要的人应采取相对应满足其需要的管理方式。

了解认识人的基本原则，还要有取舍的智慧。想科学地取舍，就要有一个自己的评判标准，我建议大家可以从对方的"识、志、信、勇、变、性、廉"七大方面考察，作为你取舍的一个标准。当然，人无完人，一个人再有才华也不可能面面俱到，完美无过。但是，至少你要有一杆秤，做到心中有数，以后在项目执行的过程中遇事才会有自己的原则和底线。

1. 识

"识"指的是见识。要知道一个人的见识水平如何，就看他在面对突发状况时做的决策如何。如果一个人他心地善良，品格极高，但不会办事，终究不过是对社会无害的人。如果一个人能够对社会有所贡献，那他一定是能够为改善身边环境、改善社会出谋划策的人。

[①] X—Y 理论是美国麻省理工学院教授、社会心理学家麦克雷格于 1957 年提出的关于人性假设与企业管理的理论。

现在见识不凡的人不多，纸上谈兵的人却不少。我们如何仔细甄别，为我所用呢？面对同一件事情，历练多的人会提出切中要害的观点，这就是见识不凡，只能提出假大空的意见，想法天马行空但百无一用，这就是纸上谈兵。

2. 志

"志"指的是志向。一个有志向的人无疑是企业需要的人。通过探问一个人的是非观就能看出这个人的志向。对是非的态度越强烈，越能看出这个人有坚强的志向。一个庸碌的人注定是一个没有志向的人，这样的人是非观模糊，总是人云亦云，见人说人话，见鬼说鬼话。我们要多和有志之人交往，共同进步。

3. 信

"信"指的是诚信。一个信守诺言的人会在社会立稳脚跟，有很大的发展前途。

我们可以在拜托对方办事时，观察对方能否如约办到诚实守信。一个人答应对方的事情没有办到，但很真诚地向人道歉，还会举荐能办好此事的人寻求最妥善的解决方案，此时虽然他失信了，但更能看出他的品质，是有"信"之人。

4. 勇

"勇"指的是勇气。遇困境之时，也是考验对方是否有勇气的时候。

有勇气的人，在面对困难时会迎难而上，刚柔并济，曲折迂回，往往能够解决问题走出困境。反之，没有勇气的人遇到困难时会怨天尤人，不知道如何解决问题。我们需要同有勇之人共事，齐头并进。

5. 变

"变"指的是应变能力。要想知道一个人的应变能力如何，就要把他逼到词穷的地步，看他如何应对。像诸葛亮一样能言善辩的人一定是头脑灵活、思维敏捷的。

应变能力强的人都是有内心的坚持，言之有理言之有物，词辩虽繁，但万变不离其宗。而没有底线的人，可以随时改变自己的看法，空洞乏味，言之无物。我们要与之合作的人一定要有很好的应变能力，这样在企业运营中，无论遇到什么问题都能随机应变，更快地走出困境。

6.性

"性"指的是品性。人的本性往往藏得很深，我们很难探究一个人的真我，大多数会用喝酒的方式来打开对方的心扉，所谓酒后吐真言。

但并非所有人都能酒后吐真言，庸俗之人，酒后更多的是胡言乱语，大耍酒疯，把场面闹得尴尬不堪。能够克制自己，自律的人会在此时说出心底最真实的声音，谈挫折，谈理想，谈成功，谈失败。所以有了那句"识人的伯乐，最应该在酒桌上考察人的品性"。同品性好的人合作，会离成功越来越近。

7.廉

"廉"指的是对利益的态度。节操高尚之人，对不义之财绝不触碰。反之那些只要看到钱财就眼冒金光的人又哪有节操可言，他们往往会不择手段把所有钱财都据为己有。自己清廉辛苦获利，利虽小，也可心安理得，长久享用。与清廉之人共事，就如身边时刻有一清泉，鞭策自己的同时也能提醒他人，企业最是需要这样的人。

无论是做项目还是经营企业，一个优秀的团队是成功的关键，他们能够共同面对挑战，把握机遇，创造出更大的商业价值。而快速识人，找到那些能够和你一起"滚雪球"的人，更是实现这一目标的关键步骤。通过深入了解团队成员的能力、品格和价值观，我们可以更加明智地做出投资决策，与优秀的团队携手共创美好的未来。

发现优势：找到"三个梯队"中的"聪明人"

创业者和投资人的博弈从建立联系的一刻起就不会停止。你选择别人的时候，投资人也在选择你。

当你迅速判断取舍，留下了那些你认为足够靠谱的，能和你一起"滚雪球"的人。"梦幻团队"若想走得更远，还要想办法入投资人的"法眼"。

发现在项目之外，决定创业者成功与否的能力

一般来说，投资人会将其青睐的创始人分成三个"梯队"，详见图 8-2。

第一梯队	有过成功创业经历的连续创业者，其中最好有过上市经历
第二梯队	来自"BAT"三大巨头公司或其他行业内顶尖公司的高级管理者
第三梯队	创业失败者或很有经验的圈内 KOL

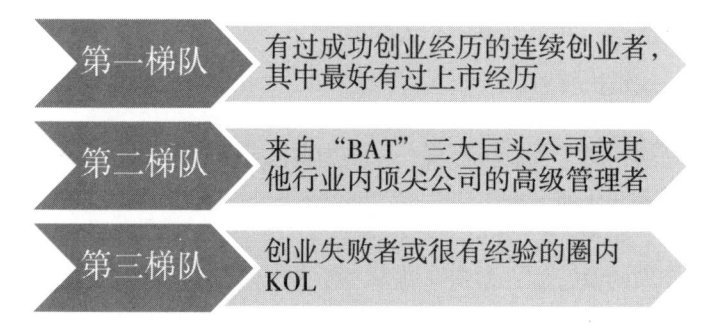

图 8-2 创始人的分类

第一梯队是指有过成功创业经历的连续创业者，其中最好有过上市经历。比如雷军，他曾把金山推向 IPO，创办了小米；例如杨浩涌，他有过成功并购、收购的经历，有很成功的融资创业经验，一手创造了赶集网，被 58 同城合并后又开创了瓜子二手车平台。

第二梯队是指来自 BAT 三大巨头公司或其他行业内顶尖公司的高级管理者。他们往往有丰富的从业经历和自带的优势资源，更易成为投资人优先考虑投资的对象。

第三梯队是指创业失败者或很有经验的圈内 KOL。在"双创"经济下，创业项目和经验的相关性在此间地位超然，投资人会以此为基础，分辨创始团队的强弱。

内容创作者是比较特殊的，因为文化产业有自身的独特性，有专业的产业基金，投资人对创始团队又有自成体系的甄别方法，但"投人"的本质不会变，最后都左不过对履历经验的考量。

因为没什么具体数据为依托，项目投资做的调查往往不是很详尽，最终的判断和考量都集中在创始人的品质与能力上。其实要准确地判断创始人的能力与品质还是很难的，对方不是熟人，像价值观、人品、在关键时刻的本能反应这些深层次的东西，不到关键时刻是看不出来的。只能通过耐心地观察、判断以及二度人脉去了解。

但是在将项目落地的过程中，换作是我，也会更愿意与聪明人为伍共事。当然，这里的"聪明"并不是说一个人的智商必须要有多高，而是更多地体现在项目实操上，也就是执行力。

而据我观察，对于创业者而言，你认为自己或者团队成员足够聪明，但在投资人眼中却未必"值得一提"。

衡量一个人的执行能力如何，就看一件事情他在做得不够好的情况下，是否坚持做下去。执行力差的人办事，如果所做之事没有值得炫耀的地方，甚至可能引起别人的嘲笑，就会马上放弃不做了。对于他们来说最重要的是面子，进步与否是无所谓的，反之一旦遇到能够显摆自己的事情，他们就会非常专注地去做。

此外，一个人"聪明"与否，我建议大家不妨从以下几个方面来判断：

是否有足够且清晰准确的概念？

一个聪明人，无论面对什么事情，脑子里都会有清晰和准确的概念，并且足够了解概念之间的相互联系，不会被各种杂七杂八的调查数据干扰，会坚持自己的衡量标准。

是否有足够系统的方法论？

这里的方法论说的是要用什么样的方式、方法来观察事物和处理问题。聪明人会认真地分析自己所使用的概念究竟指的是什么？是否有存在的必要？反之它的对立面是什么？有哪些相同之处和不同之处？什么情况下才可以使用这个概念？能否承担用错概念后带来的后果？他们常常会想很多，在工作中心思细腻不易出错。

是否有一定的成功经验？

有些成功人士，不同阶段都有拿得出手的作品，我们能从每个作品之间的差异看出这些有名之士不同时期的进步在哪里。一个聪明人要有长期坚持做的事情，因为能够长期坚持做事的人通常不笨，大多数都会做好这件事。

所谓聪明，在我看来，是一个人脑海中拥有的所有正确有效的知识，能否在出现问题时迅速找到解决方案，能否与投资人有共同的价值观。价值观相同，可预知对方的行为，这样沟通起来效率高成本低，共同合作势必会事半功倍。因为每个人都是独立的个体，都有自己的思维方式，价值观正确与否并没有一个明确的界限，但作为投资人，我会更倾向于投资与自己价值观相同的人。

很多人认为，创业者能提供最重要的数据、足够庞大的案例就是聪明。真相是，对投资人来说，这只不过是创业者应该具备的基本素质而已。自以为很聪明，认为只要能赚钱就行，这是天下最大、最深的"坑"。

适当取舍：必要时将不合格的人"踢出局"

随着项目的推进，项目领头人可能会发现，明明以前很合拍的某个团队成员，抑或合伙人，与自己价值观的分歧越来越大甚至跟不上发展的节奏，而这个人很可能又扮演着重要的角色，甚至占有一定比例的股份。此时你会怎么办？是继续"忍受"，还是万般无奈之下把他"踢出局"？

我们不妨看看当年的扎克伯格是怎么做的！

马克·扎克伯格和萨维林、莫斯科维茨合伙创立了 Facebook。

历经一年的运营，网站业绩非常好，收入相当可观，为壮大发展网站，三人前往佛罗里达成立了一个有限公司。随后莫斯科维茨和扎克伯格去加州的帕洛阿尔托市运营网站，而萨维林则去了纽约的雷曼兄弟实习。

在此期间，萨维林没有和任何人商量就在 Facebook 上给自己创立的求职网站 Joboozle 免费打广告，这让扎克伯格非常恼怒，他认为萨维林这么做不仅不尊重合作伙伴，很明显是在另起炉灶跟Facebook竞争。而后扎克伯克计划收购原来佛罗里达的Facebook，在特拉华州重新组建一个新公司，这一提议又被萨维林拒绝，坚决反对。

因为这些事情，两个人的矛盾日渐激化，将萨维林"踢出局"的想法在扎克伯格心中愈发强烈。但不能鲁莽行事，萨维林的股份在公司还占有重要比例，为了使企业不受到伤害又能达到目的，扎克伯格采取了一些措施。

首先，扎克伯格按原计划，在特拉华州用自己筹措的资金建立了一家新的公司。为了让萨维林同意自己的想法，他的理由是为了吸引外部投资，公司必须具备极其灵活的股权结构能力，所以必须成立新公司，萨维林思考后同意了他的想法。

其次，扎克伯格做了一个重要的决定，把自己的股份从原来的65%降到51%，却把萨维林的股份从30%提升到了34.4%。扎克伯格自降股份这一举措是为了让萨维林签署股权协议。而萨维林要把所有的知识产权转交给扎克伯格作为交换条件，并且要同意自己不在场时，扎克伯格可代表自己行使投票权。萨维林没有想到的是这34.4%只是普通股。

签署股权协议后，扎克伯格先后两次通过大量发行新股票，迅速将萨维林的股权份额稀释到10%以下，萨维林在Facebook变成了一个微不足道的角色，扎克伯格成功将其"踢出局"。

如何顺理成章地把不合格的人"踢出局"？

你和你的团队不合格，投资人出于整体利益的考虑通常会毫不犹豫将你"踢出局"。那么，如果在你的合伙团队中也出现了类似萨维林那样的成员，作为创始人将不合适的人"踢出局"，或许才是彻底解决问题的唯一办法。

但需要引起注意的是，无论发现什么样的问题都要理性判断、冷静思考，切勿冲动行事。公司还要正常运营并且发展壮大，如何在保证公司安全的情况下把不适合的人请出去，需要认真思考，这才是负责任的行为。

1. 谁应该被"踢出局"?

其实合伙人经营公司就好比夫妻过日子,如果真的闹到不可开交、无法调和的地步,勉强维持反而不利于公司的发展。也许早点"散伙儿"才是最明智的选择。但随之而来的问题是:矛盾的双方,到底谁应该走,谁能留下?

我们从以下几个方面分析来解决这一问题。

- 运营项目过程中,谁是不可或缺的灵魂人物?
- 双方共同的利益点和差异点在哪里?
- 谁最有可能获得投资人的支持?

无论是从对企业的重要性还是对企业发展的作用方面考虑,合伙人都势均力敌的情况下,首先要心平气和地协商,说出自己的真实想法。然后寻求投资人的支持,此时他们的意见和建议都会起到举足轻重的作用,会影响最后的结果。

2. 如果请对方出局,问题是否能解决?

合伙人在工作中遇到矛盾是很正常的,不能一遇到问题就想着散伙。问题有很多种,只要没有触碰到原则和底线,首先应该坐下来心平气和地谈谈。即使遇到了原则性问题,也要认真分析其发生的原因,是否有补救措施,双方有没有就此类问题进行过探讨与研究。

无论何时,真诚的沟通永远是解决问题的最佳途径。双方在面临问题时要坦诚相待,耐心沟通后再采取进一步的行动,共同努力解决问题。

3. 提前与当事人直接沟通

与当事人直接沟通的目的是了解他本人意愿,是倾向于现金赔偿还是持有公司股份。随之要考虑到对方的薪资水平以及公司目前的现金流水平。然后按照他为公司服务的年限和对公司的贡献给予相应的经济补偿。

有的当事人会非常极端,面对这种情况要考虑原始股份协议中是否有相关违反行为的条款，如果有则可以不用提供任何补偿。

4. 与主要投资人共同商议

具体的协商方法也要因人而异，如果当事人和你很熟，就可以直接询问他的想法，如果不熟悉，还是要多加考虑，等水到渠成的时候再约谈。也可以动员公司的投资人与当事人协商，尽量提出各方面都满意的方案，顺利解决问题。

5. 与律师团队沟通

现在大部分公司都有律师团队或者法律顾问。合伙人的突然离职势必会影响团队的稳定性，因此处理此类问题要提前布控，把当前情况告诉律师，准备相关法律文书来寻求法律依据解决问题。采取恰当的方式解决问题，不仅能稳定团队成员，还能把对公司的伤害降到最低。

物竞天择，适者生存，这是大自然的规律。这条规律也适用于创业团队。

如果合伙人对公司的发展已毫无价值，甚至会让企业滞后，那么他的离开对双方都是一件好事。因为对于当事人来说，他已经不适合在此行业发展，让企业受损，身上背负的压力会更大，在适当的时候选择重新出发，未必不是明智之举。

我们必须要注意的是在把不适合的人请出去时，一定要足够尊重对方，注意方式方法，千万不要鱼死网破，那样会两败俱伤。

好聚好散才无愧于共同完成一个大项目的初心，才是合伙共事、经营企业的精髓所在。

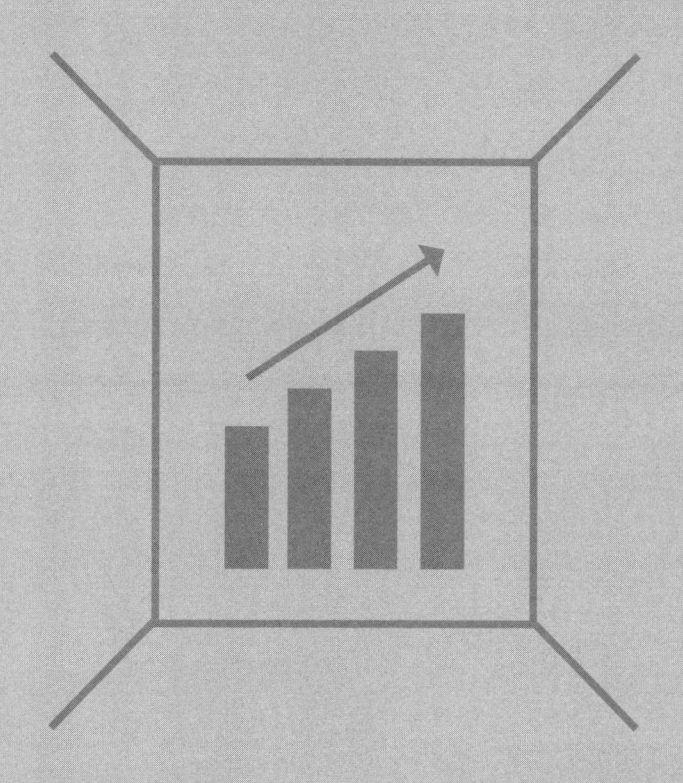

09

谁为你买单：
有吸引力的商业计划书让投资人心动

资金是每一个创业者都必须要面对的问题。而获得资金的关键，往往在于如何成功吸引投资人的注意并说服他们为你的项目买单。在这个过程中，一份精心制作的商业计划书就扮演着至关重要的角色。

　　商业计划书是向投资人展示你的商业理念、市场定位、竞争策略以及未来发展规划的重要工具。它不仅要清晰明了地阐述你的商业模式和盈利路径，还要能够凸显出该项目的独特性和市场潜力，以此来吸引投资人的目光。

　　那么，一份成功的商业计划书应该具备哪些要素？商业计划书中，投资人真正关心的是什么？你的项目能否满足他们的投资需求？你的团队是否有能力执行这个项目？你的商业模式是否具有可持续性和增长潜力？

　　只有当你的商业计划书能够充分回答这些问题并打动投资人的心时，他们才会愿意为你的项目买单。

一份高质量的商业计划书是打动投资人的"敲门砖"

近几年,初创企业如雨后春笋般迅速发展,拿着项目找投资人的创业大军亦不断发展壮大。面对机遇,资本疯狂了。而面对资本,并不是所有人都有机会。

在我的投资字典里,一直保存着一段话——平均每 7 分钟就诞生 1 家创业公司;同时,平均每 1.5 天就有 1 家创业公司倒闭。

这句话不断地提醒我,在投资时要保持清醒,不要被创业者投来的天花乱坠的商业计划书冲昏了头脑。

话说回来,资金是创业团队发展项目的关键要素。目前创业者获得资金的首要渠道依然是找投资人融资,而融资必须依靠一份至少 70 分水平以上的商业计划书才能实现。

撰写商业计划书,是成功创业融资的第一步

- 商业计划书是什么?
- 写给投资人的商业计划书应该长什么样?
- 有什么好的模板范文推荐?
- 有没有好用的工具?

这些是创业者经常咨询我们投资人的问题。

商业计划书（Business Plan，简称 BP）实际上已经有几十年的历史了。时代在进步，商业计划书也是大势所趋而逐渐形成了现在的模式。它与新科技、新经济，以及风险投资行业发展的趋势基本一致。现在已经成为一套聚合的商业语言，它的内容包括了很多，比如：财务分析、市场分析、商业模式分析等。

创业故事漫天飞舞的当下，创业者也不断增多，如果进行面对面的沟通，将需要花费大量的时间与人力物力，通过商业计划书，可以帮助投资人进行"预了解、预沟通"，初步审核合格的文件，就可以作为商业信息的载体。

很多海归精英回国后，投资了大量收益可观的项目，这也带动了国内创投行业的发展。随后，国内的基金也随着迅速地发展起来。同时，发展起来的还有一套创业投资的语境。创投行业也越来越普及，"发一份 BP 给我"也成了投资人经常说的行话。

BP 不但是创业迈出的第一步，与投资人建立联系的工具，更是你自己明确自己创业项目的蓝图。如果连表述都不清晰，沟通时又逻辑混乱，谁会给你投资呢？

资金雄厚的大型投资机构每天都会收到很多的商业计划书，这些计划书很少能得到投资机构的青睐，因为投资人没有那么多的时间去查看每一份计划书，除非是有人举荐的，才可能会得到一个机会。如果你是一个没有经验的新人，可能得到投资的机会就会很小，因为没有人愿意将钱花在一个新人身上，风险很大。

其实，投资人并非唯利是图、阴险狡诈之人，他们只不过要坚守自己的底线，恪守职责。吸引投资人的商业计划书需要包括以下这些要素。

第一，合理估值

合理估值 = 计划投资额 / 交换的比例。例如：你想用 40% 的股份交换 500 万美元，你的估值就是 125 万美元。记住：要做一个合理的估值，如果过于离谱，投资人会觉得你夸大其实。

第二，有理有据（确切数据）

有些人想把商业计划书亲自交给投资人。我看过不计其数的计划书，前几页写的几乎都是废话，讲述着市场有多么的大，其实投资人对行业的了解远远超过你，所以不用那么复杂。要找到更有说服力的数据或者亮点，你的计划书才能引起投资人的兴趣。

第三，产品优势独特

因为服务型产品的不确定性较大，实体产品发展的前景相对容易预测，所以投资人对实体产品更加青睐。

第四，投资协议清晰

计划书中应包含股权的分配、交易的合法性、股份与资金交换的价值，以及日后预计出现的股权稀释等信息。

另外，下列的几点也可能吸引投资人的目光：

1. 升值空间

升值空间就是日后的增值，不管公司现在的价值，但有可能在三年到五年之内把价值提高。

2. 资金需求

通过对商业计划书中表现出对资金需求的分析和规划，以此来证明你需要的资金缺口和金额。

3. 有领投者

通常投资人不愿意自己成为唯一的投资人，所以最好多找几个投资人。一般情况下，你的投资人越多，投资人安全感越高，成功概率也越大。

4.退出机制

要有明确的退出方式,让投资人看到你已经做好了股权分配。他们在未来的交易中可以拿到的钱和相应的分红与回报。

上述几点只是投资人可能会感兴趣的点的基本说明,更加翔实落地的撰写策略我将在后面章节继续为大家讲解。除此之外,在正式撰写 BP 之前,大家还要先简单了解商业计划书的几种类型。

由于企业在不同的阶段,主营业务会有所差别,创业者手中的项目也可能涉及各个不同的领域,因此,我们常常需要制作不同类型的商业计划书。

商业计划书有很多类型,例如:单页计划书、内部计划书、可行性计划书、运营计划书、战略计划书、年度计划书、标准计划书、创业计划书和精益计划书。下面简单讲述几种常见计划书的写作要求。

(1)单页计划书

单页计划书,简而言之,即一份精炼的企业亮点概览,它巧妙地将企业核心信息浓缩于一页之内,旨在迅速传达业务精髓。该计划概览目标市场、业务模式、关键成就里程碑及基础销售预测,为银行、潜在投资人、供应商、合作伙伴及员工等利益相关方提供了宝贵的信息快照。此类计划书亦常被称作商业提案,以其简洁明了、直击要点的特性而备受青睐。

(2)内部计划书

内部计划书,常被视为"精益计划"的另一种表述,其核心在于紧密贴合公司内部成员的实际需求。此类计划书专为内部团队设计,因此相较于提交给银行或外部投资者的详尽标准计划,它往往更为精简、直接。内部计划书并不适宜作为对外展示材料,而是专注于为团队内部提供清晰、高效的沟通与指导,确保每位成员对公司的方向与目标有共同的理解。

(3)可行性计划书

可行性计划书,有时被专业人士用作"创业计划书"的同义词,用以阐述创业的全貌。而在另一些情境下，它则特指对技术、产品或市场进行实操验证的详细流程，例如，在研发新型砖窑时，可行性计划书会细致规划从实验室模板设计、原型制作到首批产品生产的每一步骤。

值得注意的是，可行性计划书通常并不涵盖标准商业计划书或精益计划书的所有方面。它更侧重于在缺乏全面战略、策略布局及财务预估的情况下，直接探究产品的可行性及市场的真实存在性。

鉴于"可行性计划书"一词在不同语境下可能含有不同意义，建议在听到或使用该术语时，务必明确其具体指代，以避免误解。

（4）运营计划书

运营计划书比较细致，它包含了具体的实施要点，比如：截止时间、团队分工、责任等，它可以计划目标，为了让公司更好地分配优先权，更密切地关注结果。运营计划书包括了业务的全部内部运作，细到责任划分等细节。

当然，重点还是需要有资金问题，没有资金就运作不了项目。只有根据现金流量跟踪进度，这样才能知道你的支出有多少。

（5）战略计划书

"战略计划"一词，其内涵因使用者而异，需结合具体情境理解。一般而言，战略计划属于内部规划文件，虽不涉及过多具体的财务预测细节，但相较于精益计划，它包含了更为详尽的战略策略描述与阐释。然而，战略若缺乏执行力则形同虚设。因此，一份优秀的战略计划必须兼顾实施操作的可行性，充分考虑所需资源及时间规划，确保战略能够落地生根。

（6）年度计划书

该计划书着重聚焦于企业某一特定领域或业务板块的深入规划。若涉及扩张计划，因往往需寻求新的外部资金支持，其内容需全面涵盖公司产品详尽介绍、市场分析及管理团队背景，与投资者所期望的标准计划书保持高度一致，同时亦需包含贷款申请所需的各项细节。

然而，若为内部资助的增长或扩张而制定的内部增长计划，则可适当简化上述描述环节，类似于精益计划的风格。虽不必囊括公司整体财务预测，但至少应详尽预测新业务或新产品的销售及费用情况。

一份高质量的商业计划书不仅仅是一份详尽的报告，它更是你与投资人建立初步联系的"敲门砖"。通过精心策划和撰写，你的商业计划书能够充分展示项目的独特价值、市场潜力和可持续发展能力，从而吸引投资人的目光，激发他们的兴趣，并最终促成投资合作。因此，不要忽视商业计划书的重要性，而是要让它成为你成功融资的有力武器。

人靠衣装，商业计划书也要好好包装

在审阅过无数商业计划书后，我发现许多创业者都容易陷入一个误区——他们往往只从自己的视角去阐述项目。例如，大量篇幅描述公司如何优秀、行业前景如何广阔，却忽略了投资人真正关心的核心问题，也没有明确展示商业计划书的真正目的。

实际上，一份出色的商业计划书应该能够站在投资者的角度，深入挖掘并展示项目的核心竞争力，尤其是产品和服务方面的独特优势。这样，投资者才能被你的核心优势所吸引，进而关注你产品的品质以及服务的水平。

遗憾的是，许多创业者在撰写商业计划书时过于自负，一开篇就大谈市场前景和行业趋势。然而，如果缺乏实质性的内容，只是泛泛而谈，那么投资者很可能会对此感到失望。作为专业的投资者，我们对行业的了解并不亚于创业者，除非项目涉及非常专业的领域，如新材料、新能源或某种特定药物等，或者从一开始就选错了投资人，因为他对所选行业知之甚少。

因此，创业者在制作商业计划书时，应更多地考虑投资者的需求和关注点，以更加精准和有效的方式传达项目的核心价值。这样不仅能提高融资成功的概率，还能建立起与投资者之间更加紧密和互信的关系。

投资人眼中的商业计划书

当创业者准备商业计划书时，应该深入思考：作为投资人，我最希望看到哪些内容？核心无疑是项目的产品与服务细节。对于行业概况，简洁明了的叙述就足够了，因为作为专业的投资人，我们对此已有深入了解。

举例来说，如果你的项目涉及具有特定功能的产品或提供 24 小时服务的销售行业，那么详细展示产品的独特功能、服务的全方位特点以及它们为用户带来的实际效益就显得尤为重要。具体描述你的产品和服务如何改善用户体验、解决了哪些问题，这些细节至关重要。

为了让投资人更好地感受你的整体业务流程，建议创业者将我们视为最重要的客户。换句话说，现在我们是你的顾客，你需要给我们一个充分的理由来选择你的产品和服务。通过具体而生动的场景描述，让我们沉浸在你的商业世界中，从而深刻理解你的产品和服务的独特价值和市场需求。

记住，一份成功的商业计划书不仅要展现项目的潜力，还要能够激发投资人的兴趣和信心。通过构建鲜活的场景和提供理想的用户体验，你将更有可能获得我们的青睐和投资。

至关重要的一点，商业计划书一定要符合阅读的逻辑顺序。下面我们讲述一下商业计划书的制作步骤。

- 我是做什么的？
- 我是怎么做的？
- 我做得怎么样？
- 我的项目是什么人做的（即团队）？
- 未来市场有多大？
- 竞争力如何？

- 有什么融资计划？

当你开始撰写商业计划书时，可以遵循以上逻辑顺序，以确保你的计划书至少达到合格的标准。

首先，重点关注"我们的实施策略"部分，这是展示你核心竞争力的关键环节。详细阐述你的产品和服务，从每个细小功能的实现到整体的运营规划，不要遗漏任何一个环节。投资人会根据这部分内容来判断你的产品和服务是否具有市场需求和竞争优势，因此务必清晰明了地表述。

接下来是"我们的成果展示"部分，简要介绍公司的基本信息、投资方、业绩以及在行业内的地位和所获奖项。如果公司有突出的业绩或成就，一定要详细列出，因为这些数据往往能够吸引投资人的注意。

这两部分是投资人初步判断项目可投性的重要依据。只有成功吸引投资人的兴趣，你才有机会进入下一个环节——"我们的团队"。

在介绍团队时，避免使用过多的形容词修饰，而应注重展现团队成员的丰富经验和实际成果。对创始人的介绍可以简洁一些，以免给投资人留下你对团队缺乏信心的印象。突出团队的业绩、数据和闪光点，让投资人看到你的团队实力。

如果你的团队非常优秀，或者团队成员中有行业精英、知名人士，一定要在商业计划书中凸显这一点。建议将这部分内容放在最前面，以增加投资人的兴趣，并展示你的实力和未来潜力。

同时，不要忘记在商业计划书中提及竞争对手。分析他们的优缺点，了解他们的市场动态。如果你没有明显的竞争对手，更要强调你的核心竞争力。在表述过程中，务必实事求是，避免夸大其词。

最后是"融资计划"部分。清晰阐述你的融资方式、目标融资金额、股份分配以及资金的使用计划。这部分内容应简洁明了，一页纸足以表述清楚。

作为投资人，我每天都会接触到大量的商业计划书。以下是我认为创业者在撰写商业计划书时应该避免的几个"禁忌"，以及如何优化内容的建议。

1. 避免空洞的口号

诸如"给我 500 万，还你 1000 万"或"给我 1000 万，实现你的梦想"此类的口号，对投资人而言，这更多体现了创业者的不成熟。相反，你应该用具体的数据和案例来展示你的商业模式和盈利路径。

2. 精简篇幅，突出重点

冗长复杂的计划书往往会让投资人失去阅读的耐心。建议将商业计划书的篇幅控制在 25 页以内，并确保每一页都包含有价值的信息。同时，注意文件大小不要超过 4M，避免使用压缩包格式，以便投资人更方便地查阅。

3. 尊重竞争对手，展现专业素养

在计划书中贬低竞争对手是非常不专业的行为。相反，你应该客观分析竞争对手的优势和不足，并突出自己项目的独特之处和核心竞争力。

4. 避免不切实际的财务预测

对于早期创业项目来说，进行财务预测往往不切实际。投资人更关注的是你的商业模式是否具有可持续性和增长潜力。因此，不必在计划书中进行详细的财务预测，而是应该重点关注如何阐述你的商业模式和盈利路径。

5. 确保联系方式清晰可见

有时候投资人会看到一份满意的计划书，但却找不到对方的联系方式。为了避免这种情况发生，请务必在商业计划书的显眼位置留下你的联系方式，包括姓名、手机号码和电子邮箱等，以便投资人在感兴趣时能够及时联系到你。

精心设计过的商业计划书，如同一套得体的服装，能够提升创业项目的形象和吸引力，让投资人对你的项目留下深刻印象。创业者在撰写商业计划书时，一定要注重其外在的包装和呈现方式，力求让每一页都充满专业和吸引力，从而更好地展现项目的潜力和价值，赢得投资人的青睐和信任。记住，细节决定成败，商业计划书的包装同样重要。

价值千万的商业计划书长什么样

在我评估投资项目的过程中，与创业者的初次会面通常持续半小时到一个小时。如果在这段时间内，创业者无法激发我的兴趣，甚至让我失去继续聆听的欲望，那么我很难再有动力与这样的创业者深入交流。

然而，在创业初期，许多项目都还在逐步完善中。作为投资人，我们需要在各种不确定性中权衡风险，毕竟每一分钱投资都承载着潜在的失败风险。正因如此，我们在选择项目时会进行多维度的评估，并做出审慎的决策。

接下来，我将分享八大关键步骤，帮助创业者打造一份能够赢得投资人青睐的商业计划书，成功撬动融资杠杆。

构成商业计划书核心的逻辑结构——八大投资人必看内容

根据我以往的投资经验，以及经过和大量的一线投资友人对话沟通后，我为大家总结出以下八大投资人必看内容，这也是构成 BP 核心的逻辑结构。

1. 痛点、需求分析——告诉投资人你在做什么

每个创业者的原动力就是自己的初心。通过我们的调查，大致可以分为以下三点：

- 供给缺乏

行业内供给缺乏，导致无法提供较好的产品，也没有服务提供者，不是没有相关产品就是产品质量低下，无法满足客户的要求。

- 效率低下

创业者通过自己的解决方案，可以用更低的成本，提供更高的效率。

- 成本较高

创业者可以打破一些传统资料、一些模式成本居高不下的情况，根据新材

料，以及网络化的方式来集中降低成本。

2. 提出有效解决方案

在创业的环境中，往往一个问题可以有一百种解决方案，提出了问题就要有相应的解决方法，要明确指出你解决方案的合理性，还有你的产品是什么以及它的功能？最后是怎么解决问题的？在众多的方案中，为什么你的这种是最好的？

3. 项目／产品简介

项目的痛点和解决方案都是围绕产品展开的，你的项目通过什么原理来解决相应问题，又是怎样展现自己的解决方案的。

你要列出第一步怎么做，第二步怎么做，不要全部混在一起，给投资人一份明确的项目蓝图。

4. 数据说明市场概况、运营现状

相比创业者，专业的投资人对市场的行情更加了解，你只需要有独特的想法，不需要过多的说明。论证过程中切忌长篇大论，直接明了地推算出你的依据和数据即可。例如：市场未来的发展如何？整体规模多大？你是根据什么推测的？

数据在未来的融资中起到越来越重要的角色，因为数据不仅是投资人对项目的产品和解决方案的初步体验，同时也证明了你方案的合理性，产品方向的可靠性，是否经得起考察。

5. 可落地的商业模式

商业模式包含了你的产品模式、用户模式、财务模式，以及盈利模式，这是大家公认的观点。举例，产品模式就是用什么特别之处来吸引用户，用户到来之后，你将怎么做？规模的划分，以及划分之后的收益？最终确定一个怎样的模式来创造更大的价值？并让他们为此付费。

6. 展示项目优势（竞争对手、竞争优势）

在此部分，需着力展现你的项目所独有的竞争力。

首先，概述当前市场中涉足相同领域的团队数量及概况。随后深入分析，相较于这些竞争对手，你的项目所具备的独特优势。明确阐述你的项目与竞品之间的核心差异，包括但不限于技术创新、服务特色、用户体验等方面。

对于早期项目而言，确实可能面临资源有限、优势不明显等挑战。但请着重强调你的快速迭代能力、前瞻性的产品理念，以及任何独有的资源或合作关系，这些均可构成项目的综合竞争力，向投资人有力证明你的项目值得投资与支持。

7. 融资需求（股权结构、融资计划）

明确告诉投资人你需要多少钱、现有股权的分配、资金的各种用途，以及怎么分配的。

8. 项目团队介绍

一定要把团队成员的学历背景、工作经历和创业经历等详细地进行介绍。当然最好列出一些主要的成就，让人相信你的团队有完成这件事的能力与技术。总之，"见过"和"做过"还是有很大的差距的。

以上几点，大家可以根据投资对象的不同，以及投资融资阶段的不同做出相应的调整。

很多人可能觉得，这些都是小问题，不足挂齿。其实，在打造一份价值千万的商业计划书时，除了关注整体内容和结构外，细节同样至关重要。细节决定成败，在商业计划书中也同样适用，包括字体大小、排版布局、图表设计，甚至是一个小小的标点符号，都可能影响到投资人对项目的整体印象。因此，大家在精心策划商业计划书时，绝不能忽视这些细节。

投资人最看重的三要素

我们如果做商业计划书，和投资人沟通，一定要充分全面想想投资人关注的点在哪里，为什么会关注这些点。了解后再开始写计划书，比生搬硬套出来的效果要好很多。

BP 围绕的三件大事——事、人、钱

俗话说，事在人为。我们把事情分为内部的事、项目做的是什么和外部的事、项目面临的机遇和挑战。

关注人是因为我们要看你是谁，为什么你能把这件事情做好。

钱的方面主要是赚钱、分钱和本钱。赚钱是商业模式；分钱是责权利，股权结构；本钱是钱从哪来，也就是项目的融资需求。

1.BP 之"事"

"事"一般放在 BP 的最前面，也是最重要的一页。你需要表达清楚的是：

- 一句话介绍；

- 提出问题；

- 解决方案。

投资人每天会看很多 BP，最痛苦的莫过于看完一份 BP 后，仍然不知道这个项目是干吗的！

一句话介绍是让投资人建立对项目的大致了解。

但这远远不够，你还要通过一个场景把项目解决的问题讲出来，引导投资人进入到场景，如果他的状态没有同步，可能一时半会没法理解你的事。

推荐大家使用宝洁的三段式。在没有我们的产品服务之前，人们是怎么生活

的？他们有什么问题没有被解决，或可以被优化？

最后，在提出解决方案之前，我们需要确保：

投资人通过一句话介绍，已经能够理解我们在做什么。

通过我们提出问题时讲的故事，已经能够感受（共鸣）到有待我们解决问题的痛点（机会）。

前两者是为我们如何解决这个痛点做铺垫。我们要保证提出的解决方案简单易懂，可以被信服。

搞定内部事后，接着看外部的事——机遇挑战。

项目有什么机遇和挑战，可以从3点来看：

- 市场分析；
- 进入策略；
- 竞争优势。

市场分析中，你需要说清楚你是谁？你的客户是谁？你的竞争对手是谁？

举个例子：二维矩阵分析，这是乔布斯回到苹果时提出的。那时苹果有很多产品线，乔布斯认为这么多产品没必要，只需要抓住4个象限中的产品就可以，这种做法让苹果公司的市场定位从混乱到清晰。

进入策略，即创业如何打开局面？

这是一个冷启动的话题，初创项目从无到有，没有一个特别好的方法，每个项目各有特色。但投资人最想知道的是，你怎么从没有任何生意到用户能够认识你，最终采购你。

当我们找到一个好的事情，市场不错，能启动，那么投资人会关注你找到的这件好事，为什么别人抢不到你？

这时，我们要展示自己为什么在市场竞争中能不败，即核心竞争力是什么。

什么是核心竞争力？就是你有别人没有的东西。

2. BP之"人"

说完事情，投资人关心为什么你能做好？这和人相关。

你的核心团队是谁，什么背景，为什么适合做这件事。现在执行得如何，未来的计划目标是什么……

创业和战场很像，很多时候事情发展和计划格格不入，投资人很清楚知道项目能否成功，不取决于规划，而取决是否有很强的人能把控这件事，这样遇到问题时才能解决问题。大家在团队介绍中，也要多多考虑这样的因素。

执行现状反映的是团队实际执行力和做事能力。最好能把证明我们能做好这件事的成绩，证明项目未来有很大发展的数据展示出来，这些信息是一种背书，能让投资人更有信心。

如果没有，也可以提出现在执行中遇到的问题，但一定是深思熟虑过的，并且有候选解决方案的问题。如果只有问题，没有思考和方案，写出来就是减分项。如果你提出特别有价值点的问题，也是执行中的收获。

从团队背景看过去，执行现状看现在，最后就是计划目标看未来。

未来计划不是让你去假设很多不切实际的事，而是模拟未来可能发生的事，让未来事情发生时，有更好的对策。

你要思考清楚为了把项目做好，团队要做什么事，达到什么样的里程碑，加上我们有能力实现，恰好还可以实现投资人得到高回报的期待，比如用户激增、快速占领市场等。

计划是对未来的分析、思考，以及对现在的总结。

3.BP之"钱"

介绍了事和人后,最后聊聊钱:

- 商业模式,怎么赚钱;

- 股权结构,怎么分钱;

- 支出规划,融资需求,本钱哪里来。

和钱相关的,赚钱是最重要的。一个不能赚钱的公司,财务投资人一定不会投。大家看到一些投资人投资的项目还在亏损,比如京东、小米,但估值很高,这背后的原因是,投资人觉得这些项目未来能得到更大的回报。

怎么介绍自己的商业模式?

- 如何创造价值;

- 如何将价值进行变现,变现后才是现金;

- 短期还是长期,这是一个问题。

赚钱之后,如何分钱?

投资人为什么关注分钱。因为你能分多少钱,取决你会出多少力。当公司出问题时,谁会承担最大的责任。谁会最担心公司有问题,谁会尽更多努力解决问题?

当然是股权越多的人,未来能分钱越多的人,他们越是对公司负责。所以投资人看重股权分配。

说到股权,前文也已多次强调相关内容。为了更有效地协助大家尽早规避股权领域的潜在风险,我们稻蓝集团的教研团队携手资深法律顾问,通过深入剖析我们多年实践中积累的逾百个真实案例,并结合课程中收集到的百余份作业反馈,精心梳理出股权分配过程中常见的陷阱与误区。在此基础上,我们特别整理出一份重大股权问题预判清单,以便大家在实际操作中能够未雨绸缪,稳健前行（详见表 9-1）。

表 9-1　重大股权问题预判清单

重大股权问题预判清单	
股权激励环节	
操作	导致问题
没有预留期权池	在后续发展中，若无法为新加入的合伙人分配股权，或缺乏股权作为激励核心员工的手段，将构成一大挑战
	创始人的控制权无法集中
	投资人担心后期自己的股权被稀释
激励工具选择错误	无法实现激励目的，使被激励对象失去积极性
	影响企业的估值与财务报表
没有统一的激励考核制度	无法合理评估激励对象的价值
	缺乏公平性，导致员工丧失工作热情
股权合伙环节	
操作	导致问题
没有签订《股东协议》	合伙人之间产生矛盾或纠纷时，没有法律依据来处理
	合伙人退出时在回购股权的价格计算方式上出现分歧
	当在权利与义务、期权池、投票权等事项上出现问题时，没有处理依据
	股东离婚财产分割
	当合伙人之间的职责划分模糊不清，权利与义务界定不明，一旦遇到损害公司利益的行为，将难以实施有效的处罚措施
	分红制度没有明确约定，导致容易发生纠纷
拍脑袋分股权缺少公平计算方法	不公平的分配机制可能会引发合伙人间的利益冲突，进而削弱团队的创业激情与动力
	合伙人的能力价值与股权不匹配，导致企业发展缓慢
	无法明确创始人角色，企业容易内部僵持

续表

重大股权问题预判清单	
没有做控制权设计	企业在做重大决策时,可能会出现僵持
	投资方控制企业的经营决策方向
	创始团队被架空
	多个股东都觉得自己说了算,导致项目无法推进决策
	小股东之间容易发生分歧甚至影响经营,导致公司面临巨大的财务损失
没有约定成熟与退出机制	合伙人的贡献与能力达不到预期时,无法清退
	合伙人发生离职退出时,无法计算股权回购价格
	外部合伙人没有兑现自己的资源承诺,导致股权无法收回

早期创业发展中的巨大不确定性,需要在架构规则上尽量确保稳定。CEO作为大股东的意义:

- 对公司发展有绝对话语权(避免群龙无首);
- 能够勇于承担问题的责任(主动或被动);
- 早期项目的支出计划,和融资需求息息相关。

我们为什么融资?本质是我们未来半年到9个月,需要钱采购一些资源促进公司发展。如果有这笔钱,公司可能发展更快,创造更多价值。这种情况下我们需要融资。

项目融资额实际上是为了覆盖公司未来6至9个月的所有开支而设定的。这一时间跨度之所以选定,是因为在融资周期中,我们期望保持一个相对紧凑的时间框架,确保所筹集的资金能够精准对应并支撑起我们接下来6至9个月内的发展目标及运营需求。

公司的估值怎么计算?天使轮,A轮每轮出让的股份一般是20%~30%,把融资额除以20%~30%,得到的就是项目的估值范围。

当然，上述问题其实也都可以适当展开说明，但我的建议是不宜将 BP 写得过于复杂，让人看了一头雾水。但我们只有了解投资人关注什么，为什么关注这些，才能写出投资人想看到的内容，通过 BP 获得和投资人进一步沟通的可能性。

3 分钟抓牢投资人的眼球

前面我们只是初步讲了投资人眼中的 BP 长什么样，接下来，你还要想办法提升 BP 的质量，提交一份优质的 BP。

找投资人就像"谈恋爱"，制作 BP 就像"写情书"，"情书"所承载的信息质量决定了投资人对你的团队、创业项目的第一印象，这一判断也直接决定了投资人是否有想要和你进一步交往的冲动。

有朋友说，你们投资人越来越傲娇，"约会"前，总能收到这么一句话"先把 BP 发来看看"。而在我看来，让你提交 BP 是考验，同时也是机会，BP 就是投其所好抓住投资人的兴趣点，对投资人"表白示爱"BP 写得好，你就成功了一半。只有投资人对你产生兴趣，有了继续"交往"的冲动，才可能谈后续合作的事。

投其所好，打动投资人很简单

如何打造一份高精准的项目 BP，解决创业团队的疑惑，让初步谈判到"非见不可"的转化，下面我们就来总结一下怎样高效地打造一份优质 BP 的核心要素。

首先，投资人根据 BP 中的创业项目和团队的态度、凝聚力、素质、逻辑思维等多方面的影响产生第一判断，所以作为创业团队，一定要把整个 BP 框架梳理清晰，展现自己的优势，而不是根据网上的模板直接引用。之后，有了具体的框架，我们就要细到每个字，一定让内容高效精准，切忌一句话反复提到。最后，大多数投资人每篇 BP 最多只会花 10 分钟的时间去快读，所以页数一定不要过多。如果在这期间，投资人对你项目或者团队没有进一步交流的意愿，那一定就是 BP 做得不到位或者项目本身就有问题。

当投资人看到 20 多页的时候，仍然不知道你要表达的目的，此时投资人一定迅速 Pass 掉你，你会满盘皆输，你的 BP 一定会被彻底删除。

接下来我们就解决大家的疑惑，优质的 BP 到底是什么？

首先，大家可以参照图 9-1 所示的"投资人视力表"自检，看看你的 BP 里是否涵盖了上述内容。根据不同的项目，需要的关注点是不一样的，一定要把你想表达的主要内容放在 BP 的前半部分。投资人都会有自己的一套标准，但是他们对项目的介绍和核心竞争力最为关注。

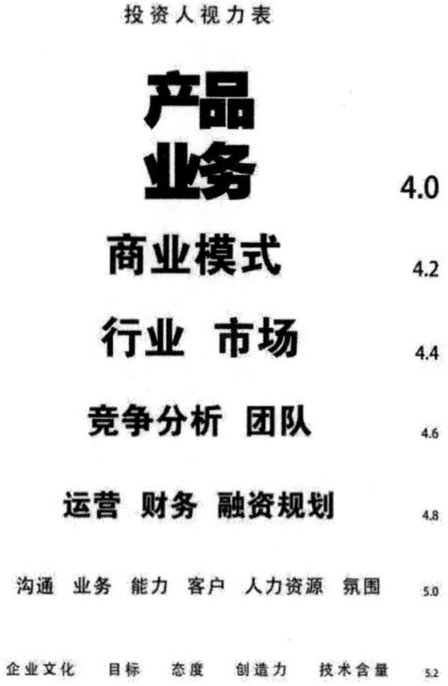

投资人视力表

产品 业务	4.0
商业模式	4.2
行业 市场	4.4
竞争分析 团队	4.6
运营 财务 融资规划	4.8
沟通 业务 能力 客户 人力资源 氛围	5.0
企业文化 目标 态度 创造力 技术含量	5.2

图 9-1 投资人视力表

进一步强调，投资人浏览 BP 的时间一般不会超过 10 分钟，所以前 6 分钟表达清楚，页数一般不要超过 25 页。页数太少会表达不够全面，页数太多又会浪费投资人的时间与耐心。

其次，在完成上述基本内容和架构之后，你需要为 BP 再穿一层美丽的外衣——润色。

1. 结合图形

图形和图表都具有直观、形象和具体的特点。所以如果能用其代替文字最好，通俗形象化的图形、图表可以让投资人"眼前一亮"，立刻明白你所表达的意思，而不是通过长篇的文字阅读分析来体现，当然一定不要简单罗列一些无用的数字。

2. 色彩搭配

色彩的搭配对人的精神和身体都有潜在的影响，所以 BP 的整体色彩将会对投资人有一定的影响，一般不要使用超过 3 种颜色字体和图形，当然不包括配图。最重要的是文字清晰了然，图文结合部分也要有逻辑的串联。

3. 页面排版

页面的排版直接影响视觉传达效果，所以大部分文字应该大小适中，排版清晰整洁，一般不建议一个版面超过 2 种字号字体。

下面是 BP 中对投资人比较吸引的方面：

- 归根结底，投资人最关注的还是项目本身，BP 只是展现的方式；

- BP 只是一篇小论文，但是其中所表达的投资逻辑和创业者的态度非常重要，并且大多数投资人都喜欢表述清晰却不乏设计感的 BP；

- 用简洁的话说明你的产品、行业情况、运营策略，以及团队市场；

- 重要的部分千万不要遗漏；

- 投其所好，就是不同的投资项目对应着不同的侧重板块，千万不能只套用一份模板。

BP 就是试金石，一份超赞的 BP 会使投资人充满好奇与期待，让人身心愉快，极大程度提高了进一步转化的机会；BP 也会反映出创业者的性格特点、做事方式；进而 BP 也会展现出公司的情况，有助于及时调整战略。

在创业的道路上，时间就是金钱，效率就是生命。通过精简、直接、有针对性的内容展示，你能够在前 3 分钟抓住投资人的眼球，让他对你的商业计划书产生浓厚的兴趣。这样的 BP 不仅节省了投资人的时间，还能快速传递项目的核心价值，提升融资成功的概率。记住，高效、精准的沟通是赢得投资人青睐的关键。

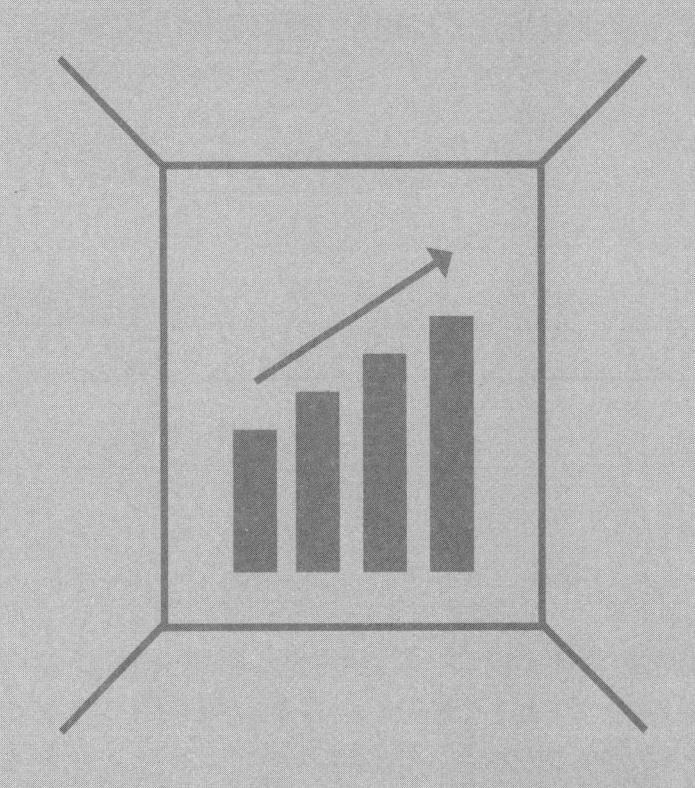

10

谁为你续命：
融资路演有共鸣，未来资本无限大

在前面章节我们提到，资金就如同人体的血液，为创业项目提供养分，是项目生存与发展的基石。然而，获取资金并非易事，尤其是在竞争激烈的市场环境中。这时，融资路演就成了连接创业者和投资人的重要桥梁。

融资路演，不仅是一个展示项目、争取投资的平台，更是一个与投资人建立情感链接、产生共鸣的过程。在这个舞台上，创业者各显神通，用精练的语言、生动的演示和深入的数据分析，来展现项目的核心价值与市场潜力。但更为关键的是，创业者要能够触动投资人的内心，让他们看到自己的激情、毅力与智慧，以及对未来市场的深刻洞察。

当创业者的故事与投资人的经历或期望产生共鸣时，这种情感的链接会极大地提高融资成功的概率。因为投资人不仅仅是在投资一个项目，更是在投资一个团队、一个梦想、一个未来。

资本时代，无路演难成事

资本时代，虽效率第一，却无路演难成。

在你持之以恒的努力下终于踏上创业之路，却因没有启动资金而停滞不前时，路演可能会让你看到一线生机。

"路演"（Road show），舶来词，来自美国，原指一切在马路上进行的演示活动。也有人把它称作"陆演"，实指一切在陆地上的演说。它是你向他人推荐公司、团队、产品及想法的一种方式，包含但不仅限于证券领域。

这几年，路演在我国也渐渐卸下了陌生的面具，并在各个领域中崛起，例如：新闻发布会、产品展示、产品发布会、电影发布会、产品试用、优惠热卖、以旧换新、文艺表演、有奖问答、礼品派送、现场咨询、填表抽奖、游戏比赛等。

当然，投资人都会根据自己的标准去判断你的BP是否可行，进而再决定你的创业项目是否有投资价值。在创业故事不绝于耳的当下，投资人凭什么会看重你的项目，你的项目是否有可观的回报？路演往往可以让投资人看到项目中的种种问题、优势或弊端，找到是否有"非投不可"的价值。

路演是当下备受关注的融资方式之一，路演之前你必须做好充足的准备，想撬动资本市场的杠杆，没有两下子的你很可能满盘皆输，更别提创业了。

路演并非一件易事，如果你提前准备不充分，你就可能错过机会，浪费了大好的商机。如果你是初次路演，控制好自己的情绪是最基本的要求，除此之外，你不仅要有清晰的头脑，还要具备商业逻辑。机会永远留给有准备的人，能不能抓住机会完全靠自己。

提前了解、做好准备，路演融资并不难

很多时候创业者急于在投资人面前推销自己的创业项目，最后急于求成反而失败。路演融资并非你想象中的那么难，它有自己的规律可循，至关重要的是你提前了解、做好准备，详见图10-1所示。

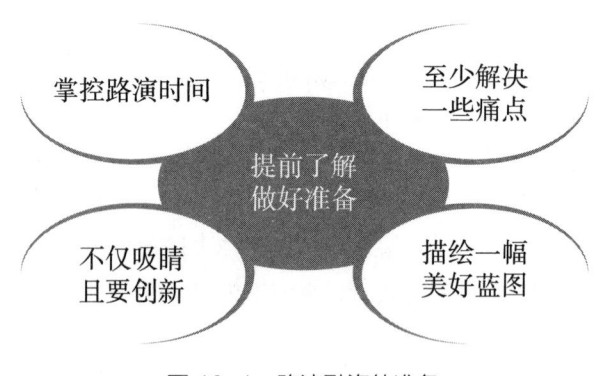

图 10-1　路演融资的准备

1. 掌控路演时间

路演总会遇到一些突发事件，不要多虑，这些都可以作为你融资成功的基础。

一般，将路演时间进行详尽划分，分为主路演时间以及附路演时间两部分。

下面以PPT为例，在主路演的时间里，通过PPT的介绍，向投资人清晰明了地讲述你的创业目的及目标，让投资人了解你的产品、团队市场、行业情况、运营规划以及发展愿景等。而在附路演的时间里，你需要演示一些能够诠释你项目内容的幻灯片。

大多数情况，你路演的整个过程需要播放 30～60 张 PPT。其中，主路演阶段使用 20～30 张，附路演阶段使用 10～20 张。

2. 不仅吸睛，且要创新

微时代到来，内容越来越丰富，信息传播的速度更快，但是人们消化信息的时间非常有限。

这就要求向投资人讲解的路演者提供更有冲击力，能在短时间内吸引受众的高质量内容。那么，在内容形式上就必然要更具创新。

每一时代都有每一时代的使命和机遇，现在我们正在经历技术革命，未来的发展不可预估。所以，微时代的路演，不仅要改变固有的思维模式，同时要抢占眼球，更要创新。

3. 至少解决一些痛点

要想融资路演成功，一般都会从故事入手，之后就是介绍行业痛点，最后给出解决方案，讲述核心竞争力，阐明愿景。

在路演过程中，务必确保阐述清楚你的项目所能够解决的那个行业痛点。

路演中需要提及的"痛点"问题很重要，下面几种情况可供适当参考：

- 你是怎样注意到这个行业痛点的？
- 是什么促使你想解决这个行业痛点的？
- 你所提供的是最优解决方案吗？你还有什么备选方案吗？
- 如果你项目成功，你可以帮助多少人解决"痛点"问题？

4. 描绘一幅美好蓝图

投资人一旦决定给你投资，大多数都会问你这个问题"这笔资金你将如何使用？"

面对以上问题，你需要细致全面地讲解一下项目的财务模式，其中包括营运成本、收入与支出、利润的分配等。而且记得描绘出一幅两到三年的美好蓝图，以加深投资人的印象。

其次，你必须清楚知道各部门之间的资金分配问题。

更为重要的是，就连项目中每一细小环节的资金分配你也需要明确知道。

如果你对于项目的投资回报率已经做了大概的预测，记得要详细地讲述给投资人。

问答环节是路演结束之后必不可少的，通过这个环节可以让你的投资人记住你更多的竞争优势。你和投资人之间的互动非常重要，一定要详细记录，之后总结投资人的关注点，抓住投资人心理是成功的第一步。

如果你能将以上的四个要素都灵活地运用于每次路演当中，你出现的问题就会不断减少，路演水平不断提高，最后一定可以信心十足地站在路演舞台中央。

用"路演思维"进行预先评估，高效吸引投资

作为投资人，我时常会遇到这样的场景：一场商业路演结束后，观众并未被打动，而真正有意向的投资者却未能参与其中，导致资源和时间的双重浪费。

对于正在筹备路演的创业者们，我想给出一个建议：在正式路演之前，不妨先进行自我评估。这种评估，我称之为"路演思维"的预先评估。

路演评估，实际上是对围绕企业经营和发展策略所举办的路演活动可能产生的影响和成果进行深入分析与评价。这是一个至关重要的管理环节，它不仅能有效揭示路演中存在的问题，还能反映出活动的积极性和有效性。

通过这种"路演思维"的预先评估，创业者们可以更加精准地定位自己的优势和不足，从而在正式路演中更加自信、从容地展示项目魅力，高效吸引投资者的关注和支持。

路演评估的方法与原则

路演评估是针对某一时期或某次路演情况进行的客观分析总结。

其实质是人力资源管理的一个重要方面，也是投资人考核项目及活动效果的过程。由于评估过程比较复杂，它包含如气候、地理、居民的收入状况、城市的发展水平等因素。

因此，路演者在评估时的重点是保证准确，客观实际。

对路演的评估通常采取以下方法：

1. 常规评估法

- 排序法

根据路演表现出的不同效果进行排列并作出评估。

- 比较法

对前后不同时期的路演进行综合评估。

2. 行为评估

- 关键行为评估；

- 行为观察评估。

另外，有效的评估应符合以下原则：

- 能体现目标和目的；

- 比较节约成本；

- 实用性强，易于执行；

- 能客观地评价员工工作；

- 对路演起到引导和激励作用。

为了对路演进行正确的评估,必须注意如下方面:

- 对路演中的各个环节进行综合评价,而不是只作笼统评价;

- 评估人和被评估人应及时就问题进行有效沟通;

- 评估人要确保评估客观公允;

- 避免使用概念界定不清的措辞,避免不同的评估者对评估结果有不同的理解;

- 评估的重点应放在具体路演问题上,而不要太过注重其他无关紧要的方面;

- 不要忽视评估之后的反馈。及时将评估意见反馈给路演者是很重要的,这样才能改进、完善路演。

不要小看路演的力量,每一场路演都是一次向投资人展示自己项目的宝贵机会。通过运用"路演思维"进行预先评估,创业者们可以更加精准地把握路演的重点和难点,从而在正式的路演中更加自信、从容地应对各种挑战。

说出你的故事,赢得投资人的信赖

对于初次接触路演的创业者来说,路演可能是一个相对陌生的概念。但如果我们将其与更为熟悉的"演说"相联系,就会发现它们之间的共通之处。实际上,路演可以视为演说的一种特殊形式,其核心目的都是为了有效地传递信息并产生影响。

为了赢得投资人的100%信任,创业者需要精心准备自己的路演,讲述一个引人入胜的创业故事。这个故事应该包含你的创业初衷、团队背景、市场机会、竞争优势以及未来规划等元素。通过生动有力的讲述,让投资人感受到你的激情和专业性,从而对你和你的项目产生深厚的信任感。

路演不是单纯地讲话，更不是炫耀口才

在资本市场尚未成熟的时代，路演与演说并未明确区分，常常混为一谈。然而，路演与单纯的演说存在显著差别。路演并非只是口头表达，更非炫耀口才的舞台。事实上，流利的口才并不能保证路演的成功。路演的核心在于对商业逻辑的深刻理解与全面布局。

简而言之，演说依赖口才和肢体语言，而路演则更注重清晰的逻辑与出色的呈现能力。除了语言本身，路演还可以结合文字、视频等多元形式，以达到最佳的表达效果。

路演的准备工作烦琐而细致，从数月前的初步准备到每一次的彩排演练，再到无数次的微调与优化，每一个环节都考验着路演者的耐心与专业度。对于企业家来说，轻视路演就如同在战场上丢弃了武器，远离了成功的路径。

1. 以故事为载体，展现路演的商业魅力

故事，作为人类最古老的沟通方式之一，具有无法抗拒的吸引力。在路演中融入产品或项目的故事元素，不仅能有效展现其价值所在，还能深刻触动听众的情感。

故事不仅是情感的传递者，更是价值的呈现者。以阿里巴巴集团上市路演为例，马云通过讲述18位创始人的创业历程，不仅激发了听众的共鸣，更成功地传递了企业的核心价值。这些生动的故事在路演后迅速传播开来，成为人们津津乐道的话题。

世上故事千千万，但可以大致归为三种：

- 从无到有；
- 从小到大
- 反败为胜。

这三种故事都是最动听的故事。

例如，如果你需要在路演中讲一个关于自己的故事，就可以想一想：

- 有没有一个故事反映了你从小到大的经历或过程？
- 有没有一个故事反映了你创造从无到有的过程？
- 有没有一个故事反映了你反败为胜的过程？

一定有那么一两件甚至更多，这些都是最好的，也是最真实的故事。

2. 展现创业者的信念力量

除了引人入胜的故事，还有一种无形的力量能够深深打动人心，那就是能量。在创业的道路上，信念是我们前行的动力，而能量，正是这种信念的直观体现。

"我相信"，这简单的三个字，蕴含着无穷的力量。它不仅仅是对自己的信任，更是对创业梦想、团队、产品和未来的坚定信念。这种信念会转化为一种强大的能量场，吸引着志同道合的伙伴，共同为梦想而奋斗。

能量是一种磁场，它无形却强大，能够让我们在创业路上勇往直前。当我们全身心投入创业，决定通过路演来传递我们的理念和梦想时，那种由内而外的信念和热情，就是我们的能量源泉。

在路演中，创业者不仅要传递项目的商业价值和发展前景，更要通过自身的能量场，展现出对创业梦想的坚定信念。这种信念和能量，会感染在场的每一个人，包括我这样的投资人。

因此，作为创业者，在准备路演时，不妨多思考如何将自己的信念和能量融入其中。当你的信念足够坚定，能量足够强大时，自然能够吸引到更多的支持和资源，共同助力创业梦想的实现。

我始终相信，每一个创业者都有自己独特的故事和梦想。通过精心准备和真诚的路演，将这些故事和梦想以最具吸引力的方式呈现出来，当投资人被你的故事触动，他们会看到你的坚持、你的激情，以及你对创业梦想的执着。这样的真诚，是任何商业计划都无法替代的。通过故事，你与投资人之间建立的不仅是商业关系，更是一种情感的共鸣。因此，不要吝啬你的故事，让它成为连接你和投资人的桥梁，赢得他们的全心信赖，共同开启创业的美好旅程。

精炼路演 PPT，5 分钟打动投资人

在进行路演时，许多人常常陷入一些误区，例如简单地将幻灯片堆砌在一起，这可能导致信息混乱，给投资人留下不良印象。为了避免这些误区，你需要精心设计和组织你的路演 PPT。

例如，确保图片与内容相符，避免夸大其词，清晰标明信息来源，以及将产品发行商和投资内容明确区分。这些细节的注意，将大大提升你的路演效果，帮助投资人在短时间内准确理解你的项目和价值。

我曾遇到过一个团队，在他们的产品路演中，PPT 的首页主要是团队介绍。他们详细地阐述了团队的背景和经验，但花费了过长时间，导致听众失去耐心。实际上，更有效的方式是在短时间内简洁明了地展示团队的核心优势，然后迅速转向产品、市场和商业模式的介绍。

因此，我建议你在使用路演 PPT 时，避免用过多页面介绍团队，而应聚焦在项目的核心价值、市场前景和商业模式上。这样的路演策略更能吸引投资人的注意，让他们在短时间内看到你项目的潜力和价值。

快速打造专业路演 PPT，别让投资人觉得你很"业余"

PPT 作为路演的重要辅助工具，能够通过直观、形象的展示方式吸引投资人的注意力。美观、吸引人的图片和短片，远比冗长的陈述更有力量。因此，创业者必须精心打造自己的路演 PPT，确保给投资人留下专业的第一印象。

在制作 PPT 时，请牢记以下几点建议，详见图 10-2 所示。

1. 引人入胜的开篇

自我介绍要简洁明了，迅速抓住听众的注意力。例如："大家好，我是 XXX，非常荣幸有机会在这里与大家分享我们的创业项目。"

2. 精炼的内容简介

在首张幻灯片上概述路演的核心内容，让投资人对接下来的演讲有个整体预期。

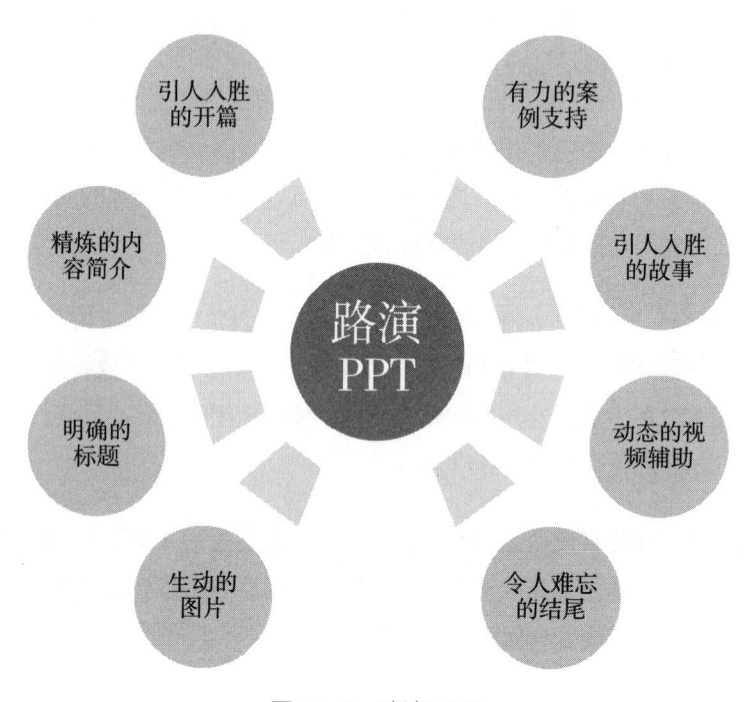

图 10-2　路演 PPT

3. 明确的标题

为每个环节设定简洁、明了的标题，准确概括该部分的核心内容。

4. 生动的图片

充分利用图片来辅助说明，但要注意图片的相关性和专业性，避免使用与主题不符的图片。如果没有合适的图片，可以考虑使用图表来替代。

5. 有力的案例支持

在阐述观点时，穿插具有代表性和说服力的案例，能够增强投资人对项目的信心。

6. 引人入胜的故事

通过讲述与项目相关的故事，增加路演的趣味性，与投资人产生更好的互动。

7. 动态的视频辅助

如果可能的话，加入相关视频可以大大提升故事的吸引力，进一步抓住投资人的兴趣。

8. 令人难忘的结尾

用一张精心设计的幻灯片或短片来结束路演，强调项目的核心价值，为整场路演画上一个完美的句号。

总之，在短短的 5 分钟内，你的 PPT 需要简洁明了、重点突出，让投资人一眼就明白你的项目价值和商业模式，这不仅是对创业者自身能力的挑战，更是对项目潜力的最好证明。因此，我们必须充分利用这有限的时间，将项目的核心价值、市场前景以及团队实力等信息准确、高效地传达给投资人。当然，PPT 只是你路演的辅助工具，重要的是你的口头表述和与投资人的互动交流。通过精心设计和准备，让你的路演 PPT 成为你赢得投资人信任的得力助手，为你的创业之路添砖加瓦。

互动不冷场，点燃现场并赢得全场关注

在路演的世界里，有一种广为流传的说法："70%的人怕死，90%的人怕上台路演。"这并非危言耸听，而是揭示了路演所带来的压力与挑战。然而，作为创业者，你必须学会如何在这一关键时刻展现自己，吸引投资人，并成功为你的项目融资。

路演不仅仅是展示项目，更是一场关于影响力和商业价值的较量。无论你是初创企业家还是经验丰富的创业者，提升个人影响力和关注度都是关键。而这一切，都取决于你如何设计并掌控路演现场。

打造一场引爆全场的路演，需要精心策划和充足准备。这不仅仅是为了装饰你的演讲，更是为了确保你的信息和项目能够精准、有力地传达给听众。虽然激动人心的现场可以通过彩排来预热，但真正的成功仍然取决于你的内容和项目的实质。

为了帮助你更好地掌握路演的互动艺术，我为你总结了三个关键步骤：

- 清晰阐述：用自信、热情和坚定的语气明确表达你的核心观点和项目价值；

- 吸引注意：以一个生动、有趣的故事作为开场，迅速抓住听众的注意力并激发他们的兴趣；

- 完美收场：明确告诉听众你的实施计划和项目的长期价值，以及这将如何改变他们的生活。

当然，仅仅知道这些步骤是不够的。成功的路演还需要你不断地反复演练和调整。不要害怕投入时间和精力进行准备，因为一场成功的路演可能为你带来无限的机会和资源。

记住，好的路演不仅仅是关于你说了什么，更是关于你如何说以及你与听众之间建立了怎样的连接。所以，不要害怕寻求反馈，不断改进自己的技巧，直到

你能够自如地掌控整个现场。

打造引人入胜的路演：如何让你的展示更具魅力和影响力

在这个充满竞争的时代，每一位创业者都渴望成为那个能够引爆现场、抓住所有人目光的焦点。想要让你的路演更具影响力？不妨遵循以下四个黄金原则：

1. 秉持利他思维

记住，投资人最关心的是他们能从你的项目中得到什么。因此，站在他们的角度思考，满足他们的期望和需求，将是你赢得他们青睐的关键。

2. 增强互动体验

在路演中，适当的互动能极大提升听众的参与度。通过调动听众的感官体验，结合现场的节奏，你将能够引领他们的思绪，让路演效果倍增。

3. 保持真实可信

有时候，不刻意去说服反而能达到最好的说服效果。当你对自己的项目深信不疑时，这种自信会感染到听众。就像微信朋友圈的营销，好的产品和服务自然会吸引客户。同样，真实可信的路演也会让投资人更容易接受你的项目。

4. 追求简练专业

在多媒体技术日新月异的今天，我们应避免将路演变成一场华丽的舞台剧。明确目的，保持干练，活跃气氛但不失主题。在能使用PPT或小短片清晰表达时，就无须过多修饰。真正的专业，是简洁明了地展现问题并给出解决方案。

当我们站在路演的舞台上，我们不仅仅是在向听众传达信息，更是在与他们建立情感连接，激发他们的热情和关注，成功吸引投资人的目光，同时也为你的创业之路注入更多的动力和资源。勇敢地去征服那个舞台，让你的创业梦想照进现实！

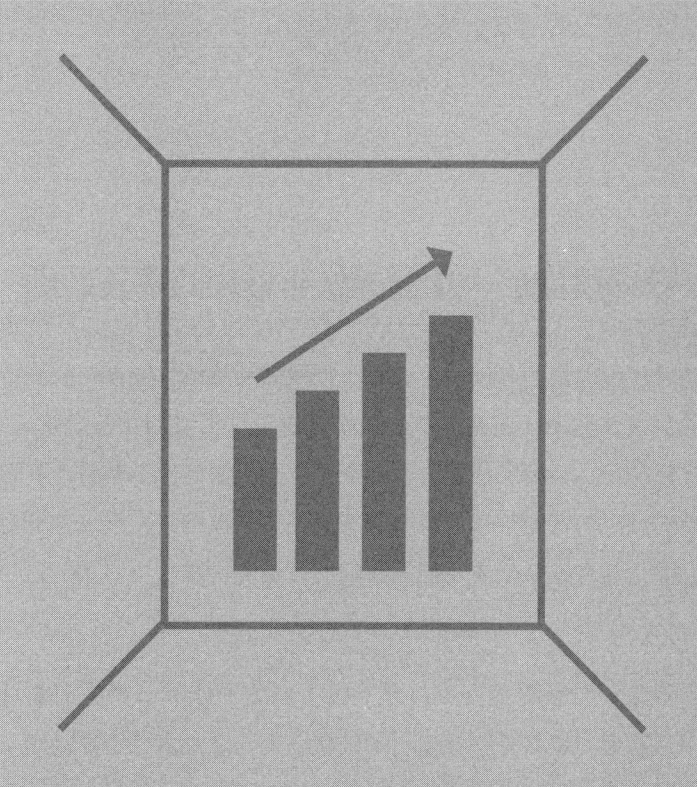

后 记

获得投资后：企业成长与进化的真正起点

曾几何时，我也是一名创业者，对于创业深有感触。创办一家企业，最难的往往不是绘制宏伟蓝图，而是那些看似平凡却至关重要的日常运营与细节优化。正是这些日复一日、不懈怠的努力，构成了企业稳健发展的基石。在这漫长的旅途中，如果你已经幸运地聚集一群有情有义的人，共同致力于一件有意义、有价值的事业，那么恭喜你，未来定能用我们的智慧和汗水，书写属于这个时代的商业传奇。

对于企业来说，获得投资不仅是对过去努力的认可，更是未来发展的新起点。这并不是结束，也不是安逸生活的铺垫，而是从更多维、更高维度成长与进化的开始。

1. 发展维度：迅速让企业规范化

在获得融资之后，企业规范化的建设便显得尤为重要。我见过很多初创企业，往往因各种原因而显得不够规范，无论是财务信息的不透明，还是工商牌照、税法的烦琐，都成为企业发展的绊脚石。因此，如果你是初创企业，在拿到第一笔融资后，首要任务便是让公司走向规范化。股权、财务、知识产权等各个方面都需得到完善，切勿为了短期的快速发展而忽视长期的规范建设，否则，未来改正的成本将远高于现在的投入。

2. 时间维度：把目光放长远

此外，创业者的目光应放长远，要能够预见未来三年甚至更久的市场与行业格局。市场在不断变化，你的企业也需要随之调整。例如，从最初的20人团队，到明年的50人，再到后年的200人，你需要将这些变量纳入计划，为企业的未来发展制定明确的战略规划。同时，我们也不能忽视草根创业及草根联盟的力量。尤其在中国的三四线城市中，蕴藏着巨大的潜力。如果你能够有效地利用、结合这些资源，形成强大的联合力量，那么你的企业定将更具竞争力。

3. 产品维度：打开流量入口

从产品的角度来看，技术的积累是企业持续发展的关键。所谓的技术门槛，既包括用户门槛，也包括技术门槛。而每个杀手级的应用都是一个流量入口，无论是网站还是App。当你的应用做得足够大时，它便能够输出流量，吸引无数人依靠它生存，自然而然地就形成了一个平台。因此，你需要在每个应用上都做到极致，这样你才有可能打开流量的入口，甚至发展或创立一个平台。

4. 投资维度：从被动变主动

在创业的过程中，你需要一边工作一边完善项目，然后去寻找投资。这不仅适用于那些从未拿过投资的人，也同样适用于已经拿到A轮、B轮的人。因为如果你总是依赖融资来推动企业的发展，那么你将变得被动，难以成功。你不能让"有钱才能干这件事"的想法束缚住自己，否则你将难以把事情做好。

5. 发展维度：与团队同甘共苦

此外，我个人并不建议创始人和高管在企业初创阶段拿高工资。只有当公司开始有大的收入或者现金流开始持平的时候，才可以考虑给予他们相应的补偿。因为你要有决心与团队同甘共苦，这样才能带动高管和员工一起努力。

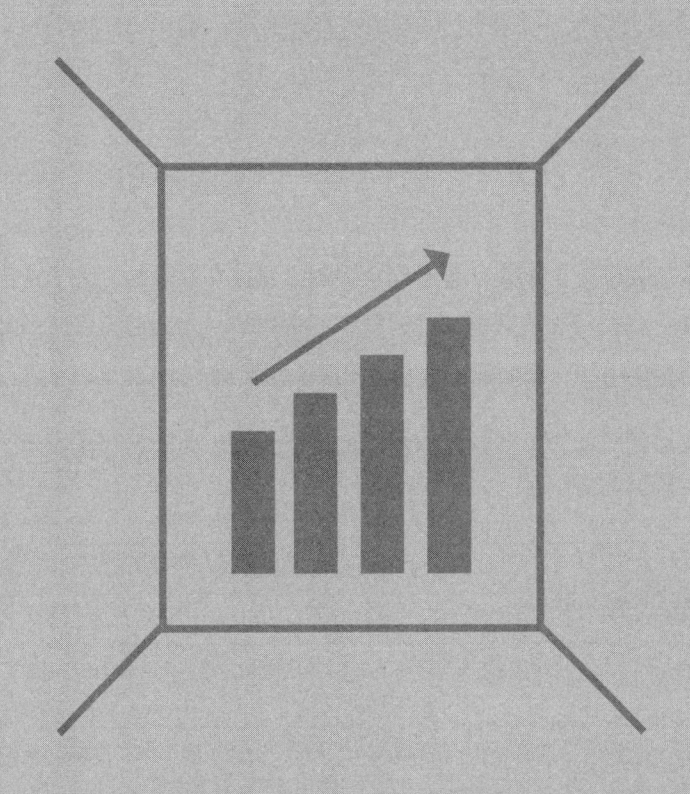

附 录

在融资旅程中，大家或许会遇到众多创投领域专业术语，为了让这些概念更加亲切易懂，我们精心挑选整理并解释了最常用的一些词汇，以通俗易懂的方式呈现。只需轻松一阅，您便能迅速掌握这些关键名词的含义。

如下表所示，这些名词是我们辅导创始人时希望他们必知必会的，这样他们就能与投资机构进行快速而有效的对话。

创投领域专业术语清单	
名词	通俗解释
商业计划书（BP）	这是一份全面展示你业务关键信息的文档，无论是寻求外部融资，还是合作伙伴，它都是你的得力助手
投资概要（Teaser）	想象它是一页纸的"项目快照"，包含了项目的财务数据、投资亮点等核心信息，是投资人在深入阅读 BP 前的一个快速预览
数据包（Datapack）	这是公司财务、业务等关键数据的汇总清单，通常在 A 轮融资轮次及以后发挥重要作用
说服（Pitch）	如何在短时间内吸引投资人的注意，让他们对你的项目产生兴趣？这就是 Pitch 的艺术
安利文（Pitch Words）	在发送 BP 之前，先用一小段精炼的文字概括你的项目，激发投资人的兴趣，这就是安利文的魅力所在
项目备忘录（Memo）	投资人与创始人会谈后整理的材料，用于内部评审和决策
路演（Road Show）	原本指在公开场合推广产品和理念，现在也成为投资人与创始人面对面沟通项目的重要方式
图谱（Mapping）	它是某个领域或知识点的完整结构图，帮助你一目了然地理解复杂信息
投资条款清单（TS）	初步达成的投资意向书，虽然通常没有法律约束力，但它为后续的正式协议奠定了基础

续表

创投领域专业术语清单	
名词	通俗解释
尽职调查（DD）	在投资机构发出 TS 后，对公司进行的深入调研，涵盖法务、财务等多个环节
前期尽职调查（Pre_DD）	在发出 TS 前进行的尽职调查，主要目的是为 TS 的制定做准备
股份认购协议（SPA）	投资人与创业者之间关于公司股份重新配置的投资协议，明确了投资额、每股价格等关键条款
母基金（FoF）	一种专门投资于其他投资基金的基金，是市面上许多基金资金的主要来源
普通合伙人（GP）	你可以把他们看作是风险投资机构里的"决策大脑"
有限合伙人（LP）	他们是基金的出资人，也就是背后的"大老板"，虽然不直接参与投资管理，但他们的资金是投资活动的基石
董事总经理（MD）	在基金层级中，他们位于基金合伙人之下，执行董事之上，常常领导着一个部门的工作
融资中介（FA）	他们就像是企业与资金之间的"桥梁"，帮助靠谱的项目快速融到资金，节省时间成本
专业投资机构的钱（Smart Money）	这些钱不仅提供资金支持，还能带来战略优化、下一轮融资推进等附加价值
投资委员会（IC）	投资机构内部设立的评审机构，定期评估项目是否值得投资
首次公开募股（IPO）	简单来说，就是在公开的二级市场上售卖你的股票，也就是我们通常所说的"上市"
美元基金	投资风格：他们相对激进，喜欢在大赛道上"下注"，追求投出独角兽企业，愿意为超高回报承担超高风险
	应对策略：与他们交流时，要讲愿景、讲未来，描绘一个足够大的商业故事，而不仅仅是收入和利润
	代表基金：红杉、DCM、GGV、经纬、晨兴、SIG 等，这些基金都曾在历史上投出过百亿美元的公司
人民币基金	投资风格：他们相对稳健，更看重项目的利润和上市潜力，追求成功率，通常投资回报的倍数没有美元基金那么高
	应对策略：与他们沟通时，要呈现一个靠谱、踏实的商业故事，用数据和收入证明你的项目未来会成功
	代表基金：国内七成以上的基金都属于这一类，典型代表有达晨、深创投、东方富海、同创伟业、鼎晖等